Liebe Leserinnen, liebe Leser!

Es ist immer dasselbe, irgendwann im Jahr kommt bei mir der Wunsch auf, Nordseeluft zu schnuppern, die gesunde salzhaltige Luft einzuatmen, dem Rauschen der Wellen zuzuhören und den Blick bis zum schier endlosen Horizont schweifen zu lassen. Auf den Sommer festgelegt bin ich dabei nicht, für mich hat die Nordseeküste das ganze Jahr über ihren Reiz.

Sommer an der See

Aber natürlich ist es im Sommer herrlich an der Nordsee. An schönen Tagen steht die Sonne dann bis zu 17 Stunden am Himmel, die endlos langen Sandstrände auf den Inseln und in St. Peter-Ording verheißen ungetrübte Ferien- und Badefreuden, und was das Schönste ist, wirklich voll wird es hier eigentlich nie. Aber auch bei „Schietwetter" müssen Sie sich nicht langweilen. Die Nordseebäder haben großartige Angebote geschaffen, um den Gästen Abwechslung zu bieten. Das „Multimar Wattforum" in Tönning und das Lister „Erlebniszentrum Naturgewalten" beispielsweise bieten dem Besucher eine spannende Mischung aus Unterhaltung und Information. Und dann gibt es natürlich hervorragend gestaltete Bade- und Saunawelten, in denen man leicht einen ganzen Tag verbringen kann.

Bedrohte Natur

Am großartigsten aber bleibt die Natur selbst. 2009 wurde das Wattenmeer vor der schleswig-holsteinischen Küste zum UNESCO-Weltnaturerbe erklärt. Es ist ein Ansporn und eine Verpflichtung, den einzigartigen Lebensraum zu schützen und zu erhalten. Nicht überall gelingt das, wie unser Autor Sven Bremer recherchiert hat. Und bedroht sind natürlich auch die Küstenlandschaften. Ein steigender Meeresspiegel zwingt zum Umdenken und stellt Wissenschaftler vor neue Herausforderungen, mehr darüber erfahren Sie im DuMont Thema ab Seite 54. Herzlich

Ihre

Birgit Borowski

Birgit Borowski
Programmleiterin DuMont Bildatlas

*Der Fotograf **Ralf Freyer** aus dem badischen Freiburg hat einen ganzen Sommer an der Nordseeküste verbracht und empfand die Region nicht weniger exotisch als die ihm vertrauten Reiseziele in Asien.*

__Sven Bremer__, der auch den DuMont Bildatlas Ostfriesland geschrieben hat, mag Amrums Dünenlandschaft ganz besonders, auch die Halligen haben es ihm angetan.

106 Die Helgoländer haben es heute schwerer. Zwar ist der rote Felsen unverändert ein Traum – aber eben nicht mehr für jeden.

36 Die „Sylter Royal" ist ernsthaft nur durch Winterfröste gefährdet. Und durch Gourmets, die nicht genug davon bekommen können.

42 Zu den großen Festen gilt es nach wie vor, die alten Trachten hervorzuholen – und sie dann auch an der Hallig-Klöntür zu zeigen.

. . . .

Dithmarschen Wilstermarsch

. . . .

Anhang

. . . .

Nordfriesland

. . . .

Eiderstedt

DuMont
Aktiv

Genießen   Erleben   Erfahren

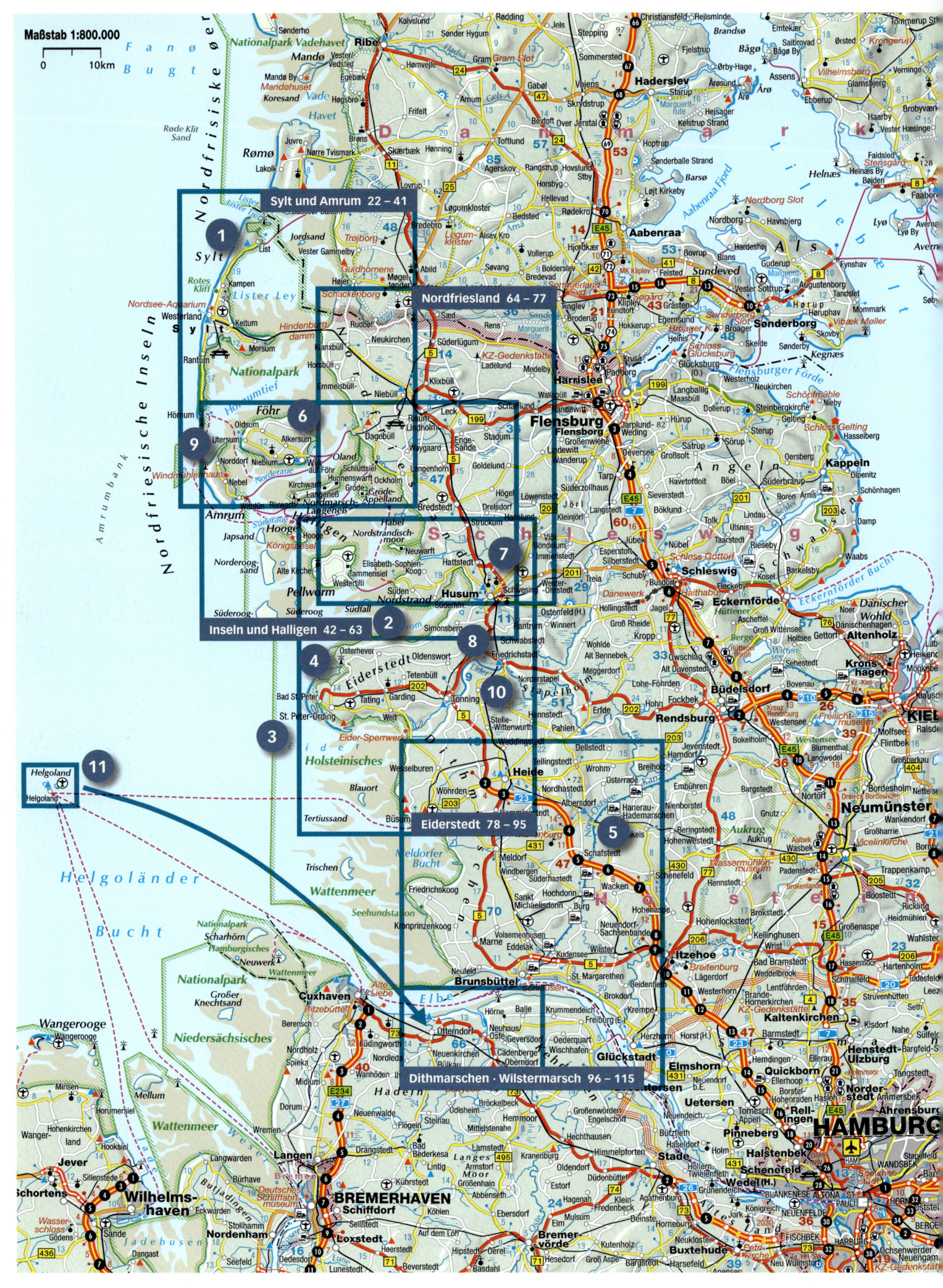

Topziele

Die bedeutendsten Sehenswürdigkeiten und Erlebnisse, die keinesfalls versäumt werden sollten, haben wir auf dieser Seite zusammengestellt. Auf den Infoseiten sind sie jeweils als TOPZIEL *gekennzeichnet.*

ERLEBEN

1 Edel auf Sylt: Austern und Champagner beim spektakulären Sonnenuntergang am Roten Kliff schlürfen. **Seite 39**

2 Hinüber zur Hallig Südfall: Per pedes oder mit der Kutsche durchs Watt, zu Besuch in einer anderen Welt. **Seite 63**

3 Ausspannen in St. Peter-Ording: Kitebuggyfahren, Strandsegeln, Windsurfen, Drachen lenken und Beachvolleyball spielen. Oder einfach mal „Fünfe gerade sein lassen". Sogar das darf man am sportlichsten Strand der Nordseeküste. **Seite 93**

4 Weiter Blick bei Westerhever: Einfach nur in die Ferne schauen und träumen? Oder gleich heiraten auf einem der schönsten Leuchttürme an der Nordseeküste. **Seite 93**

5 Am Nord-Ostsee-Kanal: An der Schleuse von fernen Ländern träumen oder mit dem Fahrrad an der meistbefahrenen Wasserstraße der Welt entlangradeln. **Seite 114**

KULTUR

6 Schmuckstück Nieblum auf Föhr: Bilderbuch-Friesendorf mit Reetdachhäusern, Kopfsteinalleen und bunten Bauerngärten. **Seite 61**

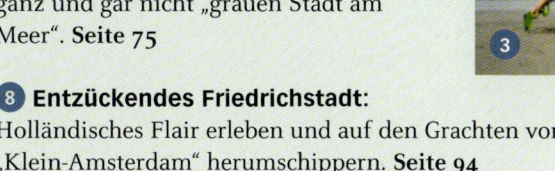

7 Durch die „Metropole" Husum: Auf den Spuren von Theodor Storm in der ganz und gar nicht „grauen Stadt am Meer". **Seite 75**

8 Entzückendes Friedrichstadt: Holländisches Flair erleben und auf den Grachten von „Klein-Amsterdam" herumschippern. **Seite 94**

NATUR

9 Meeresnatur von Amrum: Schier unendliche Weite lässt sich am Kniepsand genießen, frische Brise und gesunde Seeluft inklusive. **Seite 41**

10 Natur theoretisch in Tönning: Das Multimar Wattforum präsentiert die ganze Bandbreite des Welterbes Wattenmeer, vom Wattwurm bis zum Wal. **Seite 94**

11 Kein Land rund um Helgoland: Die „Lange Anna" sehen – solange es sie noch gibt. **Seite 115**

Logenplatz an der Waterkant

Im Strandkorb, geschützt vor der steifen Brise, fühlt man sich an den Stränden Sylts wie im Paradies. Das Rauschen der Nordseewellen gibt es gratis dazu. Die Austern und den Champagner in der Strandbar leider nicht. Sylt geizt nicht mit landschaftlichen Reizen, die Gastronomie lockt mit feinsten Speisen und Getränken – bisweilen jedoch zu gesalzenen Preisen.

Kein bisschen grau

. . . .

Bunt, lebendig und maritim präsentiert sich
Husum, das kulturelle und wirtschaftliche
Zentrum Nordfrieslands. Und keinesfalls
grau, wie der berühmteste Sohn der Stadt,
der Dichter Theodor Storm, einst reimte.
Zahlreiche Museen und Sehenswürdigkeiten
hat die Hafenstadt zu bieten (Foto: Husum
am Binnenhafen) – und die Nordsee mit den
einzigartigen Halligen direkt vor der Haustür.

Eine Freilichtbühne

Die Pfahlbauten am Strand von St. Peter-Ording
sind eines der Markenzeichen des Seebads auf
der Halbinsel Eiderstedt. Am sportlichsten
Strand der Nordseeküste vollführen Kitesurfer
und Strandsegler ihre Kunststücke. Wenn die
Besten der Welt beim World Cup über die
Wellen flitzen, verwandelt sich der Ordinger
Strand in die größte Freilichtbühne an der Küste.

Holland im Norden

Im Land der Friesenhäuser ist Friedrichstadt eine echte Überraschung – und eine lohnende. Einst von Holländern gegründet, reizt das etwas andere Städtchen mit Stufengiebelhäusern, Grachtenrundfahrten und natürlich mit gemütlichen Kaffeeterrassen.

Promenadenmischung

Selbst im quirligen Westerland finden Zwei- und
Vierbeiner noch ein ruhiges Plätzchen. Ansonsten
wird an der Promenade von Sylts einziger Stadt
flaniert, Tratsch und Klatsch ausgetauscht und
der neueste „Fummel" vorgeführt. Nur in Westerland kann man sich ein paar Schritte von der
Shopping-Meile entfernt in die Brandung stürzen.
Weiter südlich in Rantum und Hörnum oder
ganz oben im Norden, am Ellenbogen, gibt es
weder Gucci noch McDonald's.

Wunderwelt Wattenmeer

Endlose Weite, himmlische Ruhe. Das Wattenmeer der Nordsee ist eine der faszinierendsten
Naturlandschaften. Ständig in Veränderung
im Wandel der Gezeiten, bietet es zahlreichen
Tier- und Pflanzenarten einen perfekten Lebensraum – und wurde deshalb aus gutem Grund
von der UNESCO zum Welterbe erklärt. Die
Bewohner der Halligen leben seit Jahrhunderten
mit den Naturgewalten. Sie haben die Ruhe weg,
wenn bei „Landunter" das Wasser an die Haus-
schwelle steigt – und manchmal noch darüber.

Die urigsten Landgasthöfe

Mit Seeblick oder unter Reet

Zahlreiche urige Landgasthäuser an der Nordseeküste laden zu regionalen Gaumenfreuden. Nach einer zünftigen Wattwanderung, einer Radtour oder einem Strandtag kann man bei einem Krabbenbrot, einem Becher Tee und einem leckeren Stück Friesentorte die Seele baumeln lassen und den Gaumen verwöhnen.

③ Gasthaus Zum Krug

Seit etwas mehr als 300 Jahren werden die Gäste im „Gasthaus zum Krug" im Husumer Ortsteil Hockensbüll verwöhnt. Bereits Husums bekanntester Sohn, der Dichter Theodor Storm, hat es sich hier gut gehen lassen. Heute kommen in den gemütlichen Gaststuben „unter Reet" nach wie vor erstklassige regionale Speisen aus Nordfriesland auf den Tisch, zu empfehlen sind die Gerichte vom Deichlamm.

Gasthaus Zum Krug, Alte Landstraße 2a, Schobüll, Tel. 0484161580, www.zum-krug.de

① Schankwirtschaft Wilhelm Andresen

Der Chef hat sich zwar bereits vor einiger Zeit in den wohlverdienten Ruhestand verabschiedet – und dennoch behält die nach dem Patron benannte „Schankwirtschaft Wilhelm Andresen" ihren Kultstatus. Wenn der Name des Wirts „Opa Eiergrog" lautet, muss man nicht lange rätseln, was die Spezialität dieser denkmalgeschützten Gaststätte ist. Zudem gibt es in Katingsiel an der Süderbootfahrt auch leckeren hausgebackenen Kuchen und exquisite Krabbenbrote.

Schankwirtschaft Wilhelm Andresen, Katingsiel 4, Tönning, Tel. 04862 370, www.schankwirtschaft-andresen.de

② Gaststätte Bongsiel

Einst lautete der Name der Gaststätte „Dat swarte Peerd" (Das schwarze Pferd) und war Treffpunkt zahlreicher Künstler. Gastwirt Lauritz Thamsen bewirtete am Bongsieler Kanal südlich Dagebüll unter anderem Emil Nolde, und nicht nur der große deutsche Expressionist zahlte seine Zeche bisweilen mit Kunstwerken. Heute noch serviert das Lokal erstklassige Fischspezialitäten in gemütlicher Atmosphäre – zu günstigen Preisen. Ob nach wie vor mit Kunstwerken gezahlt werden kann?

Gaststätte Bongsiel, Am Kanal 2, Ockholm, Tel. 04674 14 45, www.bongsiel.de

4 Friesen-Café

Nebel zählt zu den schönsten Friesendörfern an der schleswig-holsteinischen Nordseeküste. Inmitten des historischen Ortskerns auf der Insel Amrum verwöhnt das „Friesen-Café" seine Gäste unter anderem mit feinsten Torten und selbstgebackenem Kuchen. Und wenn in Nebel die Sonne scheint, dann kann man im Garten herrlich relaxen. Bei einer steifen Brise wärmt man sich in der gemütlichen Gaststube des reetgedeckten Friesenhauses bei einem Eiergrog auf.

Friesen-Café, Uasterstigh 7, Nebel, Tel. 04682 96 62 0, www.friesen-cafe.de

5 Roter Haubarg

Einst soll er tatsächlich ein rotes Dach gehabt haben, der mächtige Hauabarg bei Witzwort auf der Halbinsel Eiderstedt. Beim Bau des Hauses soll der Sage nach der Teufel seine Finger im Spiel gehabt haben. Heute ist der „Rote Hauabarg" weiß gestrichen und reetgedeckt. Und sowohl in den historischen Räumlichkeiten als auch im wunderschönen Garten kann man himmlisch entspannen und regionale Spezialitäten genießen. Neben dem Restaurant beherbergt der Hauabarg ein Heimatmuseum.

Roter Hauabarg, Sand 5, Witzwort, Tel. 04864 845, www.roterhaubarg.de

6 Alte Friesenstube

Nur wenige Meter entfernt vom Trubel in Westerlands Fußgängerzone, von reichlich Bausünden der 1970er-Jahre flankiert, befindet sich das Restaurant „Alte Friesenstube". Sorgsam und behutsam restauriert wird heute in einem der ältesten Häuser Sylts eine ambitionierte Friesenküche serviert. Unter Reet und in originalgetreuem friesischen Ambiente wird der Gast hier mit traditionellen regionalen Gerichten, aber auch neuer und leichter Küche verwöhnt.

Alte Friesenstube, Gaadt 4, Sylt, Tel. 04651 12 28, www.altefriesenstube.de

Ungleiche Schwestern

Sylt ist die Diva unter den deutschen Nordseeinseln. Glitzernd und schön, aber auch launisch wie das Wetter an der Küste, schwankend zwischen Trend und Tradition: Beton in Westerland, Reethaus-Idylle in Keitum. Sylt provoziert und lockt auch deshalb von Jahr zu Jahr mehr Besucher. Amrum, die kleine Schwester, hält nichts davon, sich „aufzubrezeln". Die waldreichste der Nordfriesischen Inseln reizt Familien und Naturliebhaber mit herrlicher Dünenlandschaft, der größten „Sandkiste" an der Nordsee und einem der schönsten Friesendörfer.

Von Westerlands Promenade geht der Blick endlos übers Meer gen Westen.

Das Listland ist eine autofreie Zone,
wo selbst Hunde aufs Rad kommen

Kampens Strand bietet noch traditionell-stilvolle Strandmöbel

Seit 1907 strahlt der Leuchtturm von Hörnum
über 35 Kilometer weit aufs Meer hinaus

Sylt ist eine Surf-Hochburg – nicht nur am Sunset Beach bei Westerland, wo beim Surf World Cup Hochbetrieb herrscht.

Schon Thomas Mann schwärmte von Sylts reizvoll-gesunder Mischung aus Temperatur, Seewind und Sonne – und den „Prankenschlägen" der Brandung.

Knapp 40 Kilometer feinsten Sandstrand hat Sylt zu bieten. Die Gourmet-Tempel, die Gucci-Shops, die sündhaft teuren Juweliere und Golfplätze mögen einer gewissen Klientel vorbehalten sein – am Strand treffen sich alle. Junge und Alte, Burgenbauer und Drachenlenker, Dicke und Dünne, Braungebrannte und Krebsrote, coole Surfer, Lese- und Wasserratten – und auch die Reichen und Schönen, denn auf Sylt kann man selbst am Strand „Schampus" und Austern schlürfen.

Für die Rettungsschwimmer von Sylt sind sie alle gleich. Die Männer und Frauen in den roten Shirts über ihren Astralleibern sind die Einzigen, die noch cooler sind als die Surfer. Was ganz einfach der Tatsache geschuldet ist, dass die meisten von ihnen nicht nur erstklassige Schwimmer, sondern auch leidenschaftliche Wellenreiter sind. Die Sylter Rettungsschwimmer aus den 1950er-Jahren waren gar Surf-Pioniere. Zunächst versuchten sie nach Feierabend auf ihren Rettungsbrettern die Wellen zu reiten. Verdammt mühselig war das auf den rund 50 Kilogramm schweren Geschossen. Doch bald schon hatten sie sich besseres Material besorgt – und die Surf-Welle schwappte von Sylt aus an die restlichen Strände der Republik.

An der „Waterkant" von Sylt arbeiten die einzigen professionellen und hauptamtlichen Rettungsschwimmer in ganz Deutschland, allesamt ausgebildet im Brandungsschwimmen bei mindestens sieben Windstärken. Das macht Sinn, denn die See vor Sylt spielt gern verrückt. An die Strände im Westen branden die höchsten Wellen der gesamten deutschen Nordseeküste, starke Strömungen machen das Baden zum Abenteuer. Bisweilen wird es dramatisch, wie im Juli 2003, als der Rettungsschwimmer Manfred Winkler gleich acht Menschen an einem Tag aus den Fluten rettete und die Presse ihn zum deutschen David Hasselhoff erhob.

Zum Glück besteht der Job der Sylter „Baywatcher" jedoch überwiegend aus Routine. Frühmorgens muss der Strand aufgeräumt und, je nach Wind und Wetter, die entsprechende Flagge gehisst werden. Das Material wird gecheckt: Rettungsseil, Rescue-Board, Trage, Defibrillator und Notapotheke – und natürlich die Ferngläser. Die meisten Fälle, in denen die Sylter Lifeguards eingreifen müssen, sind harmlos, Opa Kowalski ist das Gebiss abhandengekommen, der kleine Tim hat sich den Fuß an einer Muschel aufgeratscht, und manchmal müssen die Rettungsschwimmer auch nur einen Volleyball aus der Nordsee

Keitum repräsentiert mit seinen reetgedeckten Friesenhäusern noch das alte Sylt. In einem der von Steinwällen begrenzten, blumenbunten Gärten liegt das Altfriesische Haus, in dem Wohnkultur vergangener Zeiten erlebt werden kann (unten)

bergen. „Meistens", sagt Lars Lung, einer der alten Hasen unter ihnen, „sieht man zum Glück schon vorher, dass etwas passieren könnte, und greift entsprechend ein."

Sylt ohne Sylter

Um die 6,5 Millionen Übernachtungen zählte Sylt in den vergangenen Jahren. Bisweilen tummeln sich bis zu 150 000 Urlauber und Tagesgäste auf dem Eiland. Während die Zahl der Betten sogar noch zugenommen hat, sanken zuletzt jedoch die Übernachtungszahlen. Genauso wie

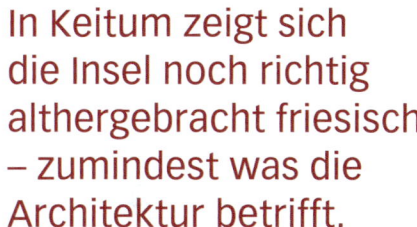

In Keitum zeigt sich die Insel noch richtig althergebracht friesisch – zumindest was die Architektur betrifft.

die Zahl der eingeborenen Sylter sinkt. Die Insel könnte bald, so hat es jüngst eine Untersuchung ergeben, eine Insel ohne Insulaner werden. Dafür eine Insel mit immer mehr Promis, die hier ihren Zweit,- Dritt- oder wer-weiß-wie-vielten-Wohnsitz haben, den Zweit-Porsche in der Garage, den Champagner kalt gestellt. In 20 Jahren, so die Studie, werden nur noch etwas mehr als 10 000 waschechte Sylter auf der Insel leben, und es werden weiterhin immer weniger sein.

Der Grund liegt auf der Hand beziehungsweise ist den Aushängen der Maklerbüros zu entnehmen: die astronomischen Immobilien-Preise auf Sylt. Für das Geld, von dem man auf dem Festland ein stattliches Einfamilienhaus kaufen kann, ist auf Sylt allenfalls eine Kaschemme mit Plumpsklo zu bekommen. Immer mehr eingeborene Sylter können die Mieten nicht mehr zahlen, andere der Verlockung nicht widerstehen, mit dem Verkauf ihrer Häuser die schnelle Million zu machen. Bei wieder anderen stellt sich die Frage: Was tun, wenn Tante Erna aus Hörnum gestorben ist,

Seit 1856 weist Sylts ältester Leuchtturm den
Schiffen den Weg: Kampens Rotes-Kliff-Feuer

Cocktailstunde im „Gogärtchen": Kampen kultiviert das Leben
mit Stars und Sternchen

Champagner ist und bleibt auf Sylt das passende Getränk –
auch am Strand von Hörnum

Beste Kaffees, hausgemachter Kuchen und ein herrlicher Blick auf das Wattenmeer:
Die „Kupferkanne" ist seit 1950 eines der beliebtesten Cafés auf Sylt

Ursprünglich von Künstlern und Intellektuellen geschätzt, hat sich Kampen zum Treff der Schönen und Reichen gemausert.

die anderen Erben aber ausgezahlt werden wollen? Quasi unmöglich bei den aufgerufenen Preisen. Also wird verkauft.

Viele der aufs Festland ausgewanderten Insulaner kommen nur noch zum Arbeiten zurück auf ihre Heimatinsel. „Schienenscheißer" nennen die Pendler sich selbst mit einer gehörigen Portion Sarkasmus. Denn natürlich brauchen auch Dieter Bohlen, Johannes Kerner & Co. gelegentlich einen Klempner, und die Brötchen backen und verkaufen sich auch nicht von selbst. Vor allem aber werden Techniker gesucht, die sich darauf verstehen, Alarmanlagen und Bewegungsmelder in den Villen zu installieren. Denn ein Großteil der gut situierten Neu-Sylter lebt nur wenige Monate, bisweilen gar nur wenige Wochen in seinem Luxusdomizil in den Dünen. Das normale Gemeinschaftsleben auf Sylt krankt mehr und mehr an Einwohnerschwund. Fußballvereine bekommen ihre Mannschaften nicht mehr voll, Grundschulen und Kindergärten schließen. Um dem entgegenzuwirken, denkt man beispielsweise daran, einheimischen Familien bezahlbare Grundstücke zukommen zu lassen, die über Generationen auch nur an ausgewiesene Inselbewohner weiterverkauft werden dürfen.

Sandbank auf Wanderschaft

Sylt muss sich nicht nur darum sorgen, dass die Sylter auswandern, Sylt muss sich auch noch fürchten, dass Sturmfluten die Küstenlinie nachhaltig verändern. Jedes Jahr holt sich das Meer mehr als einen Meter der Küste. Von der Gefahr, dass die Insel auseinanderbricht, ganz zu schweigen. Seit den 1970er-Jahren wird deshalb von „Hopperbaggern" fernab der Küste tonnenweise Sand gebunkert, Richtung Sylt geschippert und dort via Rohrleitungen an die Strände gespült.

Da hat es die kleine Schwester Amrum besser. Sie hat einen natürlichen Wellenbrecher. Die Insel wird durch den etwa 15 Kilometer langen und bis zu anderthalb Kilometer breiten Kniepsand geschützt, weshalb man Amrum auch die „Geliebte des Blanken Hans" nennt. Der Kniepsand ist eine der größten Sandkisten in ganz Europa, die sogar von Jahr zu Jahr größer wird. Streng genommen darf sich der „Kniep" nicht Strand nennen, denn es handelt sich dabei um eine (Hoch-)Sandbank auf Wanderschaft. Eine Seekarte aus dem späten 16. Jahrhundert zeigt den Kniepsand als „Ameren bor", als „Amrumer Barriere", damals noch durch einen Priel von der Insel getrennt. In den 1960er-Jahren schließlich hatte die Sandbank die Insel

Die Friedrichstraße vermittelt Westerland einen Hauch
von großstädtischem Einkaufsparadies

Nicht nur für die Kleinen ist das Sylt Aquarium
das Größte (oben). Wenn der Deutsche
Windsurf Cup ansteht, zieht es allerdings alle
an Westerlands Brandenburger Strand, der
zu Füßen der Kurpromenade liegt (rechts)

Seit 2001 begrüßen an Westerlands Bahnhof vier
„Reisende Riesen" ankommende Sylt-Besucher

erreicht. Doch die Wanderung ist noch nicht abgeschlossen. Der Kniepsand bewegt sich weiter in Richtung Nordspitze, wo durch seine Wandertätigkeit bereits die Amrumer Odde entstanden ist. Und wird der Kniep nicht müde, dann könnte man von der Odde bald trockenen Fußes zur Nachbarinsel Föhr gelangen.

Woher der Kniepsand seinen Namen hat, darüber ist man sich nicht einig. Nur darüber, dass es dem friesischen Wort „kniepen", also „kneifen", entstammt. Die einen sagen, der Name komme daher, dass die Sandverwehungen auf der bloßen Haut kneifen würden, andere behaupten, die Sandbank habe von oben betrachtet einst die

Form einer riesigen Kneifzange besessen. Und wieder andere leiten den Namen davon ab, dass der Kniepsand Amrum in die Zange genommen habe wie ein großer Krebs.

Bollerwagen statt Bentley

Einig hingegen ist man sich auf Amrum darüber, dass ihre Insel nichts taugt für den Jetset. Hier halten „Eingeborene" wie Touristen nichts von großen Gesten, dafür sorgt schon die einzigartige Naturlandschaft: Die sandige Weite an der Westküste, der Dünenstreifen – nur zu begehen über die Amrum-typischen Bohlenwege, um die Naturlandschaft und die darin brütenden Vögel zu

Der Amrumer Kniepsand bei Norddorf
ist ein Familienstrand

Was heute mit einem harmlosen Regenguss abgeht, bedeutete einst Gefahr für Leib und Leben:
Vor Amrums Stränden gab es bei Unwettern so manchen Schiffbruch

Amrums Leuchtturm dient der Schifffahrt seit 1875 als Orientierung.
An ihm vorbei verläuft der lange Weg zum Wasser

Strandung der „Pallas"

Special

Postkarten von der Katastrophe

Breite: 54 Grad 32,54 Minuten Nord; Länge: 8 Grad 17,22 Minuten Ost. Das sind die nackten Koordinaten. Die Amrumer hingegen packte im Oktober 1998 die nackte Angst, als der brennende Holzfrachter „Pallas" vor ihrer Küste auf Grund lief – die Angst, dass aus ihrem weißen Traumstrand am Kniepsand eine schwarze Ölwüste werden könnte.

Die ganz große Katastrophe blieb damals gottlob aus, rund 90 Tonnen Schweröl sickerten in die Nordsee, 12 000 Seevögel und auch einige Seehunde starben an den Folgen des Ölteppichs – was schlimm genug ist. Katastrophal waren die unzureichenden Maßnahmen der Behörden. Eine Hand wusste nicht, was die andere tat. Ein einziges Kompetenz-Wirrwarr und daraus folgende misslingende Bergungsversuche hatte nach Ansicht vieler Amrumer überhaupt erst dazu geführt, dass der mittlerweile von der Besatzung verlassene

Frachter vor ihrer Küste strandete. Auf Initiative der Küstenbewohner wurde das deutsche Havariekommando gegründet, eine gemeinsame Einrichtung des Bundes und der fünf Küstenländer, das bei Unfällen im Bereich der Nord- und Ostsee ein besser koordiniertes und gemeinsames Unfallmanagement gewährleisten soll. Vergessen können die Amrumer die Beinahe-Katastrophe so schnell nicht, denn bei Ebbe und klarer Sicht ist das Wrack noch heute vor der Südspitze der Insel zu sehen. Andererseits scheinen viele Insulaner locker mit dem Unfall umgegangen zu sein. In manchem Bauerngarten wurden Hölzer der „Pallas" zum Gartenzaun, die Innenausstattung der „Blauen Maus", Amrums Kultkneipe, wurde seither ebenfalls um einige Exponate erweitert. Und zeitweise konnte man in den Souvenirläden Amrums sogar Postkarten mit der Ansicht des brennenden Frachters kaufen.

schützen –, die kleinen Wäldchen in der Inselmitte und das einzigartige Wattenmeer im Osten. Als „kleine Insel der großen Freiheit" bezeichnet sich Amrum selbst. Man fährt hier nicht mit dem Bentley am Strand vor, sondern mit dem Bollerwagen. Die kleine Schwester ist genau so schön wie Sylt. Doch während Sylt im „kleinen Schwarzen" daherkommt, trägt Amrum Friesentracht. Die Teller sind nicht so groß wie auf Sylt, die Nordseeschollen darauf umso größer. Die Surfer sind nicht so cool wie auf der mondänen Nachbarinsel, sondern zumeist gerade einmal fünfeinhalb Jahre alt, ihre Mini-Boards sind mit Bildern von Flipper oder Benjamin Blümchen bedruckt. Amrum, auf Friesisch Öömrang genannt, ist eine perfekte Familieninsel.

Strandpiraten

Kunst wird auf Amrum nicht teuer gehandelt, sie findet am Strand statt. Die Strandhütte des Wahl-Amrumers Otfried Schwarz, Pancho genannt, ist inzwischen eines der Wahrzeichen der Insel – neben dem Leuchtturm und der Clemenskirche zu Nebel, einem der hübschesten Friesendörfer der gesamten Küste. So wie die von der Nordsee heranbrausenden Stürme den Kniepsand von Tag zu Tag anders aussehen

An Amrums lukrative Seefahrerzeiten erinnern die „sprechenden Grabsteine" vor Nebels schlichter Clemenskirche (rechts oben und unten) – reetgedeckt ist sie wie die meisten Gebäude auf der Insel, die Nebeler Windmühle mit dem Heimatmuseum (links oben) und das „Friesen-Café" (links unten)

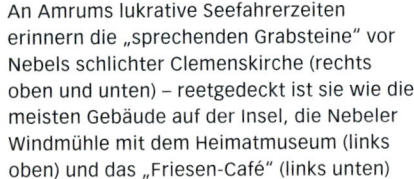

lassen, so verändert sich auch die Hütte des Künstlers immer wieder. In der Tradition Amrumer Strandgänger sammelt und verbaut Panscho alles, was das Meer hergibt, in seinem Kunstwerk. Sei es eine Supermarkt-Plastiktüte ferner Länder, Holz aus der Ladung des havarierten Frachters „Pallas" oder Badelatschen unbekannter Herkunft.

Die Amrumer früherer Zeiten haben gern etwas nachgeholfen, wenn es darum ging, Brauchbares aus dem Meer zu ergattern. Die findigen bis zu skrupellosen „Öömranger" wussten nur zu gut

Auf Amrum konnte sich das friesische Erbe deutlich besser erhalten als auf Sylt.

um die Gefahren für die Schifffahrt vor ihrer Insel. Manche betätigten sich als eher harmlose Strandgänger und sammelten lediglich die an den Strand gespülten Schätze. Andere besaßen weitaus mehr kriminelle Energie. Sie lockten die Kapitäne mit ihren Leuchtfeuern in die Irre, das hieß in den meisten Fällen auf die nächste Sandbank. Und bevor der zuständige Strandvogt die Unglücksstelle begutachten konnte, hatten die Amrumer Halunken bereits die Mannschaft der havarierten Schiffe erschlagen und alles zur Seite geschafft, was nicht niet- und nagelfest war. Ein Schlusspunkt unter die Strandpiraterie wurde erst 1875 gesetzt: Von da an wies der Amrumer Leuchtturm den Schiffsführern den richtigen Kurs.

Panscho hat übrigens inzwischen reichlich Nachahmer unter den Amrum-Besuchern gefunden. Das sorgt zum einen für eine äußerst kreative Art der Müllentsorgung, zum anderen bieten die skurrilen Recycling-Buden dem einen oder anderen Strandspaziergänger oder Jogger bei unerwartetem Regen Unterschlupf.

DEUTSCHE AUSTERN

Königliche Hoheit

Seit 1986 werden in der Blidselbucht vor Sylt wieder Austern gezüchtet. Die „Sylter Royal" von Dittmeyer's Austern-Compagnie verlangt viel Aufmerksamkeit und Zuwendung. Sie dankt es ihren Züchtern mit einzigartig nussig-herbem Geschmack.

Der Wind pfeift ein wenig romantisches Lied, Regen prasselt den Rhythmus dazu. Ein Wetter, um im Bett zu bleiben. Keine Chance für Christoffer Bohlig und seine Kollegen. Sie müssen raus ins Wattenmeer. Ihre Arbeitszeiten bestimmen keine Stechuhr, kein pedantischer Chef, sondern einzig und allein die Gezeiten.

Bohlig hat sich in Schale geworfen für den Besuch bei den Schalentieren. „Wattfein" nennt es der Betriebsleiter der Austern-Compagnie, wenn er sich in seine Wathose gezwängt hat. Darunter noch eine Lage Thermo-Bekleidung – es wird mal wieder eine verdammt nasskalte Schicht. Der Diesel tuckert zuverlässig, der Diesel eines Treckers. Austernfischer sind wohl die einzigen Fischer, die mit dem Traktor aufs Meer fahren. Genauer gesagt: in die Blidselbucht vor der Küste Sylts zwischen Kampen und List. Einen halben Kilometer müssen sie bei Niedrigwasser hinaus ins trocken gefallene Watt zu ihren Babys, die auf den klangvollen Namen „Crassostrea gigas" hören.

Ein einzigartiges Aroma

Die Austernzüchter müssen die zumeist rund 20 Kilogramm schweren Netzsäcke mit den Austern drehen und wenden, schütteln und rütteln. Ein echter Knochenjob, aber unbedingt notwendig. Seetang und Algen sollen entfernt und die im wahrsten Sinne des Wortes anhänglichen Austern davon abgehalten werden, zusammenzuwachsen. Um ihr einzigartiges Aroma zu bekommen, müssen die Tiere bei Hochwasser vom klaren und salzigen Nordseewasser durchgespült werden.

Die verkaufsfertigen Exemplare aus dem Meer werden zügig an Land gebracht. Dort geht es dann ab in die Waschmaschine, wo im Schongang Schlick und Algenreste entfernt werden. Auf Reet gebettet und in kleine Körbe verpackt, macht sich die Auster dann auf die Reise in die Feinkostläden und Nobel-Restaurants.

Am besten pur

Dittmeyer verlangt für eine Kiste mit 25 Austern 35 Euro. Serviert wird die Auster inzwischen mit reichlich „an und zu", bisweilen gratiniert, manchmal sogar gekocht. Kenner sind sich jedoch einig: Am besten schlürft man die Auster pur. Denn nur dann schmeckt sie wirklich frisch und einzigartig nach Meer. Und mehr sei nicht nötig, sagen die Puristen.

Seit 1986 werden vor Sylt wieder Austern kultiviert –pazifische Felsenaustern, die ihre Kindheit in Irland verbringen

Serviert werden die Sylter Austern in vielfältigen Variationen

Adresse

....

Dittmeyer's Austern-Compagnie GmbH,
Hafenstraße 10–12, 25992 List/Sylt,
Tel. 04651 87 08 60, www.sylter-royal.de

Zwei Strandschönheiten

Einst skrupellose Strandpiraten, sind die Amrumer heute freundliche Gastgeber. Vor allem Familien schätzen die landschaftlich abwechslungsreiche Insel mit ihrem Sandstrand. Wer es eher mondän und „trendy" mag, fährt auf Amrums große Schwester Sylt, die „Königin der Nordsee". Ihre Hoheit hat wie Amrum eine fantastische Dünenlandschaft und Traumstrände zu bieten. Und eben das gewisse Flair.

❶ List

Die nördlichste Gemeinde Deutschlands (2500 Einw.) gehört zum „Zipfelbund", deutschen Orten in extremer geografischer Lage. Lebendiges Zentrum des 1292 bereits erwähnten Ortes ist der Hafen. In maritimer Atmosphäre lässt sich hier schlendern und schlemmen. Vom Lister Hafen legen die Fähren nach Rømø ab. Die Naturlandschaft der Halbinsel Ellenbogen lädt zu ausgedehnten Spaziergängen.

RESTAURANT
Ein Besuch in € € € / € € **Goschs Alte Bootshalle** ist geradezu Pflicht (Am Hafen, Tel. 04651 87 03 83, www.gosch.de).

ERLEBEN
Im **Erlebniszentrum Naturgewalten Sylt** wird Wissenswertes zu den Themen „Kräfte der Nordsee" und „Leben mit Naturgewalten" präsentiert (Hafenstraße 37, Tel. 04 65 1 83 61 90, www.naturgewalten-sylt.de; Juli und Aug. tgl. 10.00–19.00, sonst tgl. 10.00–18.00 Uhr).

INFORMATION
Kurverwaltung, Landwehrdeich 1, 25992 List auf Sylt, Tel. 04651 95 20 0, www.list-sylt.de

❷ Kampen

In keinem Dorf Norddeutschlands fahren so viele Ferrari oder Porsche beim Bäcker vor wie in Kampen – denn nach wie vor gelten Kampen und sein **Strönwai**, bekannt als „Whiskeymeile", als Treffpunkt Schöner und Reicher.

SEHENSWERT
Das **Rote Kliff TOPZIEL** ist eines der großen Ziele der Insel und vor allem bei Sonnenuntergang zu empfehlen, die **Uwe-Düne** (52 m) die höchste Erhebung auf Sylt. Nahe Kampen ragt seit 1856 der markante **Leuchtturm,** auch „Langer Christian" genannt, auf.
Die **Kampener Vogelkoje** (1767) zeigt, wie bis 1921 Wildenten gefangen wurden (Lister Straße, Tel. 04651 87 10 77; Ostern–Okt. Mo.–Fr. 10.00 bis 17.00, Sa. und So. 11.00–17.00 Uhr).

List ist (auch) Gosch: Goschs Alte Bootshalle (links). Attraktion für viele: „Sylter Royal" (rechts oben) und „Sansibar" bei Rantum (rechts unten)

RESTAURANTS
Aus einem Flakbunker entstand 1950 das Künstlerlokal € € € **Die Kupferkanne** (Stapelhooger Wai, Tel. 04651 41 01 0, www.kupferkanne-sylt.de). Kult ist auch das € € € € **Gogärtchen** (Strönwai 12, Tel. 04651 4 12 42, www.gogaertchen.com).

INFORMATION
Tourismus-Service, Hauptstraße 12, 25999 Kampen, Tel. 04651 46 98 0, www.kampen.de

❸ Wenningstedt

Das Nordsee-Heil- und beliebte Familien-Strandbad (1550 Einw.) soll im 4. Jh. Ausgangspunkt friesischer Beutezüge nach England gewesen sein. Die Braderuper Heide ist bereits seit den 1920er-Jahren Naturschutzgebiet.

SEHENSWERT
Das 5000 Jahre alte **Großsteingrab Denghoog** nahe der Friesenkapelle (1914) stammt aus der jüngeren Steinzeit (Tel. 04651 697 16 87; Ostern–Okt. Mo.–Fr. 10.00–16.00, Sa. und So. 11.00–16.00 Uhr).

HOTEL UND RESTAURANT
Im Traditionshaus € € € € / € € € **Strandhörn** lässt es sich bei mediterran-regionaler Küche gut tafeln wie residieren (Dünenstraße 20, 25996 Wenningstedt/Sylt, Tel. 04651 94 50 0, www.strandhoern.de). Eine Gosch-Filiale ist € € / € € € **Jünnes Düne** beim Wenningstedter Kurhaus „Haus am Kliff" (Gosch Am Kliff, Dünenstraße 17a, Tel. 04651 4 56 88).

AKTIVITÄTEN
Anlaufstelle für **Windsurfer** ist Camp One (Dünenstraße 333, Tel. 04651 4 33 75, https://camponesylt.wordpress.com).

INFORMATION
Tourismus-Service Wenningstedt-Braderup, Info-Pavillon Strandstraße, Osetal 5, 25996 Wenningstedt-Braderup, Tel. 04651 44 70, www.wenningstedt.de

❹ Westerland

Nachdem die Allerheiligenflut 1436 den Ort Eidum zerstört hatte, wurde weiter westlich eine neue Siedlung gegründet. Heute ist Westerland (9500 Einw.) wirtschaftliches und kulturelles Zentrum Sylts. Der Bauboom der 1960er-Jahre hinterließ architektonische Entgleisungen. Bei „Schietwetter" bietet die Insel-Metropole jedoch fast alles, was das Herz begehrt.

SEHENSWERT

Einen Besuch lohnt **St. Niels** (1635). Das **Alte Kurhaus** (1897) ist heute Spielbank (Andreas-Nielsen-Straße). Das **Sylt Aquarium** lässt durch tropische und heimische Meereswelten streifen (Gaadt 33, Tel. 04651 836 25 22, www.syltaquarium.de; tgl. 10.00–18.00 Uhr).

HOTELS UND RESTAURANTS

Klassiker ist das € € € € **Hotel Stadt Hamburg** (Strandstraße 2, 25980 Westerland, Tel. 04 65 1 85 80, www.hotelstadthamburg.com). Jörg Müller kocht auf höchstem Niveau im € € € € **Restaurant JM** (Süderstraße 8, Tel. 04651 2 77 88, www.hotel-joerg-mueller.de).

VERANSTALTUNGEN

Im Juli findet der **Deutsche Windsurf Cup** statt, Ende Sept. der **World Cup der Windsurfer. Silvester** wird traditionell an der Musikmuschel geschwoft (mit Feuerwerk).

AKTIVITÄTEN

Im **Freizeitbad Sylter Welle** gibt es ganzjährig Brandung (Strandstraße, Tel. 04 65 1 99 81 11, www.sylterwelle.de; tgl. 10.00–22.00 Uhr).

INFORMATION

Insel Sylt Tourismus-Service, Strandstraße 35, 25980 Westerland, Tel. 04651 99 80, www.insel-sylt.de

---

Tipp

Ibiza auf friesische Art

....

Im „Wonnemeyer" am Sylter Weststrand kann man die schönsten Sonnenuntergänge auf Sylt erleben – begleitet von „chilliger" Musik à la „Café del Mar". Auf der Speisekarte finden sich dann auch einige spanische Spezialitäten, doch in der Hauptsache setzt die Kult-Strandbude weiterhin auf das bewährte ABC aus Austern, Bier und Currywurst.

€ € € **Wonnemeyer**
Am Strand 1, Wenningstedt/Sylt
Tel. 04651 4 52 99, www.wonnemeyer.de
Zu erreichen nur über den Strand bzw. durch die Dünen, per pedes oder mit dem Rad.

Wattwanderung von Amrum nach Föhr (links). Auf dem Kniepsand (rechts oben). Der Amrumer Leuchtturm liegt westlich Wittdün (rechts unten)

❺ Sylt-Ost

Die Gemeinde umfasst die Friesendörfer Keitum, Morsum, Munkmarsch, Archsum und Tinnum. Keitum (1300 Einw.) war bis Mitte des 19. Jh. der Hauptort Sylts und Wohnsitz wohlhabender Kapitäne. Das Morsum-Kliff gilt als eine in Europa einmalige geologische Attraktion; die rund 20 m hohe Felswand zeigt drei verschiedenfarbige, 3–8 Mio. Jahre alte Erdschichten.

SEHENSWERT

Keitums weiße **St.-Severin-Kirche** (13. Jh.) beherbergt u. a. einen Taufstein aus dem 11. Jh. (Pröstwai 20, www.st-severin.de).

MUSEEN

Im **Altfriesischen Haus** können Besucher friesischer Wohnkultur des 18. Jh. nachspüren (Am Kliff 13, www.soelring-foriining.de; April bis Okt. Mo.–Fr. 10.00–17.00, Sa. und So. 11.00 bis 17.00, Nov.–März Mi.–Sa. 12.00–16.00 Uhr). Das **Sylter Heimatmuseum** präsentiert Exponate zur Geschichte der Insel (Am Kliff 19, Tel. 04651 3 16 69, www.soelring-foriining.de; April bis Okt. Mo.–Fr. 10.00–17.00, Sa. und So. 11.00 bis 17.00, sonst Mi.–Sa. 12.00–16.00 Uhr).

HOTEL UND RESTAURANT

Im € € € € **Fährhaus Sylt** und seinem Restaurant bleibt kaum ein Wunsch offen (Bi Heef 1, 25980 Sylt-Munkmarsch, Tel. 04651 93 97 0, www.faehrhaus-hotel-collection.de).

INFORMATION

Insel Sylt Tourismus-Service, Strandstraße 35, 25980 Westerland, Tel. 04651 99 80, www.insel-sylt.de

❻ Rantum

Viel Natur, reetgedeckte Häuser und dazu ein kleiner Hafen machen den Reiz des an der schmalsten Stelle Sylts gelegenen Urlaubsorts (560 Einw.) aus.

ERLEBEN

Die **Wattwerkstatt Rantum** bietet u. a. Wattwanderungen, Salzwiesen- und vogelkundliche Führungen an (nur f. Gruppen n. Anm.; April bis Okt. Fr. 16.00–18.00 Uhr; Schutzstation Wattenmeer Rantum, Am Torbogen 7, Tel. 04651 92 61 70, www.schutzstation-wattenmeer.de).

HOTEL UND RESTAURANT

Das € € € / € € **Dorfhotel Sylt** setzt auf Familien und Aktive (Hafenstraße 1, 25980 Sylt-Rantum, Tel. 04 65 1 4 60 90, www.dorfhotel.com). Die **Sansibar** ist Kult – glücklicherweise hat der Hype zu keinerlei Qualitätsverlust geführt (Hörnumer Straße 80, Tel. 04651 96 46 46, www.sansibar.de; tgl. ab 10.30 Uhr, Reservierungen empfohlen).

VERANSTALTUNGEN

Im **kunst:raum** der Sylt-Quelle werden wechselnde Ausstellungen präsentiert, Lesungen abgehalten sowie Konzerte gegeben, in der **event:halle** findet alljährlich das Meerkabarett statt (Hafenstraße 1, Tel. 04651 9 20 33, Kartenvorverkauf: Tel. 04651 47 11, www.kunstraum-syltquelle.de, www.meerkabarett.de).

INFORMATION

Tourismus-Service, Strandweg 7, 25980 Rantum, Tel. 04 65 1 99 80, www.rantum.de

❼ Hörnum

Im 15. Jh. siedelten die ersten Fischer in Hörnum (980 Einw.). Lange dominierte die Bundeswehr den Ort, seit dem Abzug der Streitkräfte 1994 mausert sich Hörnum als Standort für den anspruchsvollen Urlauber. Eine lokale Berühmtheit ist die Kegelrobbe Willi, die sich seit 1991 regelmäßig im Hafen blicken lässt.

SEHENSWERT

Der 1907 erbaute rot-weiße **Leuchtturm** beherbergte zeitweise die Hörnumer Schule, heute kann er besichtigt werden (Tel. 04651 96 26 0, Mo., Mi., und Do. 9.00, 10.00, 11.00 und 12.00 Uhr). Heiratswillige können sich hier das Ja-Wort geben (Tel. 04651 96 26 40).

HOTEL

Für Inselverhältnisse preisgünstig ist das Apartmenthotel € € / € **Am Leuchtturm** (An der Düne 38, 25997 Hörnum, Tel. 0465196100, www.hotel-leuchtturm.com).

INFORMATION

Tourismus-Service Hörnum, Rantumer Straße 20, 25997 Hörnum, Tel. 0465196260, www.hoernum.de

⑧ Amrum

Gut 20 km vom Festland, aber nur fünf von Sylt entfernt, ist Amrum die waldreichste der Nordfriesischen Inseln. Der Fährort **Wittdün** (680 Einw.) wurde Ende des 19. Jh. gegründet. **Nebel** ist größter und gleichzeitig schönster Ort der Insel (950 Einw.; Urspr. frühes 16. Jh.); sein Name setzt sich aus den friesischen Begriffen „Nei" und „Bel" ab, was neue Siedlung bedeutet. **Norddorf** liegt an der schmalsten Stelle des Kniepsands zwischen Dünen, Wald, Watt.

SEHENSWERT

Der **Kniepsand TOPZIEL,** eine fast 15 km lange und bis zu 1,5 km breite Sandbank, macht fast ein Drittel des Eilands aus. Nebel mit seinen Friesenhäusern und Bauerngärten ist ein kleines Gesamtkunstwerk um die **St.-Clemens-Kirche** (1236); auf dem Friedhof stehen „sprechende Grabsteine". Der **Amrumer Leuchtturm** wurde 1875 in Betrieb genommen (April–Okt. Mo.–Fr. 8.30–12.30 Uhr).

MUSEEN

Das **Heimatmuseum** befindet sich in einer Windmühle von 1771 (Waasterstigh, Nebel, www.amrumer-windmuehle.de; April–Okt. tgl. 11.00–16.00 Uhr). Das **Öömrang-Hüs** (18. Jh.) ist der Geschichte Amrums und der friesischen Sprache gewidmet (Waaswai 1, Nebel, Tel. 0468210 11, www.oemrang-hues.de; April bis Okt. Mo.–Fr. 11.00–13.30, 15.00–17.00, Nov. bis März Mo.–Fr. 15.00–17.00 Uhr). Das **Maritur** bietet Einblick in das „Alte Amrum" (Strunwai 31, Norddorf, Tel. 04682 16 35, www.naturzentrum-amrum.de; April–Okt. Fr.–Mi. 10.00–17.00, sonst Mi. und Fr.–So. 12.00–16.00 Uhr).

AKTIVITÄTEN

Das **AmrumBadeland** bietet das ganze Spektrum einer modernen Badelandschaft (Am Schwimmbad 1, Tel. 04682 94 34 31; April bis Okt. Kernzeit tgl. 10.00–18.00 Uhr).

HOTEL UND RESTAURANTS

Das € € € / € € **Hotel Seeblick** (Strunwai 13, 25946 Norddorf/Amrum, Tel. 04682 92 10, www.seeblicker.de) besitzt komfortable Zimmer, im Restaurant werden erstklassige regionale Gerichte serviert. Traditionskneipe Amrums ist die **Blaue Maus** (Inselstraße 107, Wittdün, www.blauemaus-amrum.de).

INFORMATION

AmrumTouristik, 25946 Wittdün, Tel. 04682 94 03 0, www.amrum.de

Genießen   Erleben   Erfahren

DuMont Aktiv

Sandregenpfeifer in der Sahara

Seltene und zum Teil bedrohte Vögel haben die Amrumer Odde an der Nordspitze der Insel als Brut- und Rastplatz auserkoren. Die ehrenamtlichen Experten des Vereins Jordsand bieten vogelkundliche Führungen in dem Gebiet an, das bereits in den 1930er-Jahren unter Naturschutz gestellt wurde.

Von Norddorf auf Amrum ist es nur ein kurzer Fußmarsch bis in die Sahara. Das klingt verrückt, aber eines der Dünentäler der Amrumer Odde bekam eben eines Tages den Namen „Sahara" verpasst. Die anderen Täler tragen friesische Namen. Was das „Lungdeel", das „Grat Bakerdeel" und die „Sahara" eint, ist die phantastische Vogelwelt, die hier zwischen den bis zu 30 m hohen Dünenkämmen ideale Rast- und Brutplätze vorfindet. Im „Hüsdal" steht das kleine reetgedeckte Vogelwärterhäuschen, wo die vogelkundlichen Führungen ihren Ausgang nehmen. Das Betreten der Dünen ist untersagt – nicht nur, um die Vogelkolonien zu schützen, sondern auch zum Schutz der fragilen Landschaftsform. Bei Sturmfluten kam es bereits mehrfach zu Dünendurchbrüchen, und nach wie vor besteht die Gefahr, dass die Odde von der Hauptinsel abgetrennt wird.

Im Frühjahr und Sommer sind zum Teil gefährdete Vogelarten wie die Mittelsäger, Zwergseeschwalben, Sandregenpfeifer und Sumpfohreulen zu beobachten. Heringsmöwen, Silbermöwen und Sturmmöwen sind hier zu Hause, große Gruppen von Eiderenten, aber auch Austernfischer rasten im Naturschutzgebiet Amrumer Odde.

Weitere Informationen

Der renommierte Verein Jordsand zum Schutz der Seevögel und der Natur hat die Amrumer Odde unter seine Fittiche genommen. Von März bis Okt. organisieren die Naturschützer Di. bis So. um 10.00 Uhr vogelkundliche Führungen (Sonderführungen für Gruppen sind möglich; Tel. 04682 23 32, www.jordsand.eu).

Grüne Tupfer im Meer

„Schwimmende Träume" nannte Nordfrieslands berühmtester Dichter Theodor Storm die Halligen, kleine grüne Tupfer im Wattenmeer. Bisweilen jedoch wird der Traum zum Albtraum. Immer dann, wenn Sturmfluten auf den Halligen für „Landunter" sorgen. Von den Halligen und den Nordfriesischen Inseln aus fuhren die Männer einst auf Walfang. Das „Goldene Zeitalter" bescherte den Nordfriesen vorübergehend Ansehen und Wohlstand. Davon zeugen noch heute die stattlichen Kapitänshäuser in den hübschen Friesendörfern auf Föhr.

Deiche schützen die Inseln – so auch Nordstrand

Wem es den Gefahren auf See zu trotzen gelang, kam oftmals wohlhabend zurück:
Föhrer Kapitänshäuser in Nieblum

Durch mächtige Walkieferknochen gelangen
die Besucher ins Föhrer Friesenmuseum

„Sprechende Grabsteine" auf Nieblums stillem Friedhof
berichten von großen und kleinen Taten auf See

Der „Friesendom" in Nieblum ist die größte der drei historischen Föhrer Inselkirchen und gehört zu den bedeutenden Sakralbauten Schleswig-Holsteins

Nirgendwo an der Nordsee sind noch so geschlossene Dorfensembles zu finden wie auf Föhr.

Hätte Astrid Lindgren in Deutschland gelebt, einige ihrer Geschichten hätten dann wohl auf den Halligen gespielt. Das Leben dort hat viel von der „Bullerbü"-Romantik – wenn nicht gerade eine Sturmflut für Dramatik sorgt. Auf den einzigartigen Halligen in der Nordsee leben die Menschen im Einklang mit der Natur. Davon gibt es mehr als genug, in exponierter Lage mitten im Meer. Und sie leben in Harmonie mit ihren Mitmenschen. Anders würde es gar nicht gehen. Nachbarschaftshilfe geht hier weit über das übliche „Zucker hin – Butter zurück" hinaus. Nur zwischen den Fischern und den Bauern auf der Hallig Langeneß gab es früher öfters mal wilde Keilereien. Warum, das wussten die jungen Kerle wohl selbst nicht so richtig. Wahrscheinlich war es einfach nur jugendliches Imponiergehabe. „Denn auf einer Hallig sind die Frauen schnell vergriffen", erklärt Hermann Matthiesen von der Hallig Süderoog schmunzelnd.

Entstanden sind die Halligen in verheerenden Sturmfluten der vergangenen Jahrhunderte. Zum Teil gehörten sie zum Festland oder zur Insel Strand, die bei der Burchardiflut 1634 auseinanderbrach. Die grünen Tupfer im Meer bestehen aus Resten des Festlands und aus angeschwemmtem Schlick der Nordsee.

Einzig Hallig Hooge wird seit 1916 durch einen Deich geschützt. Auf Langeneß, der größten der noch existierenden zehn Halligen, leben immerhin rund hundert Menschen. Auf Hallig Habel leistet nur während des Sommers ein Vogelwart Ringelgänsen und Küstenseeschwalben Gesellschaft. Auf Nordstrandischmoor, auch Lüttmoor genannt, wohnen etwa 20 Personen.

Die drei Kinder gehen gemeinsam bis zur siebten Klasse ihrer Zwerg-Inselschule, danach müssen sie hinüber aufs Festland. Wie alle anderen Hallig-Kinder auch. Die meisten sind zurückgekehrt, haben den Verlockungen des Festlands getrotzt. Doch der Trend kehrt sich um: So langsam gehen den Halligen die Bewohner aus.

Im Sommer bekommen sie auf den Halligen ziemlich oft Besuch. Wattwanderer und andere Tagesausflügler bevölkern dann für ein paar Stunden ihre Warften, bevor die Flut zur Rückkehr drängt. Für Kaffee und Kuchen sind dann die Hallig-Bewohner zuständig. Sie leben im Sommer inzwischen zu einem Großteil vom Tourismus. Über den Trend zum Zweitjob können Hallig-Bewohner nur müde lächeln. Hier draußen sind viele Talente gefragt: Hausschlachter, Landwirt, Fischer, Koch, Kellner, Leuchtturmwärter, Museumsführer, Küstenschützer.

Sonnenblumen können eine grüne zu einer gelben Insel machen:Föhr ist
abseits seines Tourismus stark landwirtschaftlich geprägt

Wildrosen und bunte Drachen
machen Wyks Strand zur Sommeridylle

Arche Noah in der Nordsee

Die Halligen sind ein Spielball der Nordsee, sie zu erhalten ist ihren Bewohnern nicht nur eine Aufgabe, sondern Herzenssache. Sie wissen, dass ihre „schwimmenden Träume", wie der Dichter Theodor Storm sie nannte, durch den Klimawandel und den damit verbundenen Anstieg des Meeresspiegels bedroht sind. Und bei Sturmfluten gerät das Leben auf den schwimmenden Träumen auch mal zum Albtraum. „Landunter" nennt man das, wenn auf den Halligen nichts mehr aus den Fluten herausschaut außer den auf Warften gebauten Häusern. Bis zu 50 Mal pro Jahr kann das vorkommen. Dann rückt man noch näher zusammen in diesem Mikrokosmos, als man es ohnehin schon tut.

> **Die Halligen sind nicht nur Urlaubsträume, sie haben die Aufgabe, als Wellenbrecher die Küste zu schützen.**

Menschen, Schafe, Kühe, Gänse, Hühner, Hofhund und Katzen drängeln sich auf der Warft. Eine Art Arche Noah in der Nordsee. Und falls die Flut zur Katastrophe werden sollte, dann sind inzwischen auf jeder der Halligen Schutzräume auf Stelzen und mit Mauern aus Stahlbeton eingerichtet. Wer hier lebt, der kennt das von klein auf. Es ist nicht gerade wie Zähneputzen oder Wäschewaschen, aber es gehört zum Alltag dazu. Das Leben auf den Halligen ist ein Leben im Einklang mit der Natur, aber auch ein Leben unter dem Diktat der Naturgewalten.

Goldene Zeiten

Die riesigen Kieferknochen eines Blauwals vor dem Friesenmuseum in Wyk auf Föhr erinnern noch heute daran: Einst fuhren die Männer hinaus in die arktische See auf Walfang. Die risikoreiche Jagd auf die riesigen Meeres-

Steinerne Buhnen sollen die Macht der Wellen brechen. Trügerisch trockenen Fußes lassen sich auf ihnen Krebse fangen: Strand von Wyk auf Föhr

Käscher, aber auch weniger freundliche Fangmethoden gehören nicht nur an Wyks Seebrücke zum kleinen Sommerglück

Wie alle Nordfriesischen Inseln ist auch Hallig Hooge zumindest einmal im Jahr eine Trachtenhochburg: beim Trachtensommer

Die Friesentracht hat ihren Ursprung im fernen Portugal, von wo sie die seefahrenden Männer zu Beginn des 19. Jahrhunderts mitbrachten

Die Klöntür ist Tradition – und praktisch. So konnte kein Kleinvieh ins Haus gelangen

Was heute als Spiel erscheint, war einst oftmals bitter und mit ungewissem Ausgang:
der Abschied von den davonsegelnden Männern

Trachten sind in Nordfriesland seit jeher Frauensache.

Die Halligen erheben sich nur wenig
über Meeresniveau: Hallig Hooge.

Eine Wattwanderung gehört zu einem Urlaub an der Küste. Barfuß oder
in Gummistiefeln kann man den Schlick schmatzen lassen

Wie eine Trutzburg:
die Warft der Hallig Südfall

Hooges „Königspesel" verdankt seinem Namen einen einzigen herrschaftlichen Besuch: Dänenkönig Friedrich VI. hat hier 1825 anlässlich einer Inspektion eine Nacht verbracht

Die nordfriesischen Halligen beruhigen die unberechenbare Nordsee und stabilisieren damit die Wattflächen.

säuger brachte den Friesen eine Zeit lang bemerkenswerten Wohlstand. Zu verdanken hatten sie ihr Goldenes Zeitalter eher einem Zufall. Es war ein Erlass des französischen Königs Ludwig XIII. aus dem Jahr 1634, der das Leben der Nordfriesen komplett verändern sollte. Der Monarch hatte seinen Untertanen untersagt, weiterhin auf niederländischen Schiffen anzuheuern. Diese brauchten nun neue, tüchtige Seefahrer und rekrutierten die Männer auf den Inseln vor der Nordseeküste. Eine Fügung des Schicksals, denn dort herrschte zu dieser Zeit Not und Elend. Die Burchardiflut von 1634 hatte in den Uthlanden Verheerendes angerichtet, die Folgen des Dreißigjährigen Kriegs taten ein Übriges. Die Friesen erwiesen sich als fähige Seeleute, viele von ihnen machten als Steuermann und sogar als Kommandeur Karriere. Matthias „Matz" Petersen aus Oldsum auf Föhr war einer von ihnen. Aufgrund seiner sensationellen Fangquoten wurde er auch „Der glückliche Matthias" genannt. Bei einem Spaziergang über den Friedhof der St.-Laurentii-Kirche in Süderende auf Föhr sind Petersens Großtaten auf seinem Grabstein nachzulesen. Immerhin 373 Wale sollen auf den Schiffen unter seinem Kommando in 50 Jahren erlegt worden sein.

In all den Jahren blieben die Friesen jedoch so etwas wie „Gastarbeiter" im Walfanggewerbe. Bald fuhren sie nicht nur für die Niederländer, sondern auch für Hamburger und Glückstädter Reeder. Eine eigene Walfang-Flotte konnten sie jedoch nie auf die Beine stellen. Im Verlauf des 19. Jahrhunderts sanken die Walbestände, damit auch die Heuer der Seeleute. Das Ende des „Goldenen Zeitalters" war wiederum einem Verbot geschuldet. Die dänische Krone verbat ihren Untertanen, also auch den Nordfriesen, das Anheuern auf ausländischen Schiffen.

Atlantis der Nordsee

„Ein einziger Schrei, die Stadt ist versunken. / Und Hunderttausende sind ertrunken. / Wo gestern noch Lärm und lustiger Tisch, / schwamm andern Tags der stumme Fisch. / Heut bin ich über Rungholt gefahren. / Die Stadt ging unter vor fünfhundert Jahren." Diese Zeilen dichtete der Lyriker Detlev von Liliencron Ende des 19. Jahrhunderts. Auch ihn hatte die Faszination des sagenumwobenen Rungholt gepackt, das 1362 bei der „Groten Mandränke" in den tosenden Fluten der Nordsee versunken sein soll. Bewiesen war die Existenz des „Atlantis der Nordsee" damals noch längst nicht, und dennoch war

Der Ring muss im Galopp gestochen werden – Ringreiten hat eine lange Tradition auf Pellworm und in ganz Nordfriesland. Schon im 14. Jahrhundert übten sich die Pferdeknechte in dieser Sportart, seinerzeit auch ein Gutteil Wehrertüchtigung

Tornadowolken über dem Alten Hafen Pellworms: „Von der Windhose haben wir allenfalls eine Bügelfalte abbekommen", war die erleichterte Bilanz

Deichpflege auf Nordfriesisch: Die Schafe halten das Gras kurz, treten das Wurzelwerk fest und düngen zudem noch biomäßig –
auch am Außendeich beim Pellwormer Leuchtturm, der für Brautleute in den siebten Himmel führt

Rungholt in aller Munde. Bald schon machten Geschichten die Runde, die vom sagenhaften Reichtum Rungholts handelten, von ausschweifenden und höchst unkeuschen Festivitäten. Rungholt, so munkelte man, muss so etwas wie die Reeperbahn in der Nordsee gewesen sein. Für die gottesfürchtigen Küstenbewohner war der Untergang folglich nichts als die gerechte Strafe Gottes. Erst in den 1920er- und 1930er-Jahren verwissenschaftlichte sich die Diskussion. Durch Funde des Hobby-Archäologen Andreas Busch im Wattenmeer verdichteten sich die Anzeichen, dass es Rungholt wirklich gegeben hat. Freilich nicht als das beschriebene „Sodom und Gomorrha Frieslands", sondern als lebendiges und weitgehend anständiges Handelsstädtchen. Grabungen unterhalb der Hallig Südfall könnten neue Erkenntnisse bringen, doch dort im Nationalpark Wattenmeer ist die Buddelei nach Rungholt-Resten streng verboten. Fest steht inzwischen, dass die Stadt auf einer eiszeitlichen Moränenlandschaft errichtet worden war. Als dann die Flut hereinbrach, wurde das instabile Material weggeschwemmt, und Rungholt sank in die Tiefe.

Schaut man heute von der Südküste Pellworms hinüber zur Hallig Südfall, sieht man dazwischen nichts als Wasser oder Watt, je nach dem Stand der Gezeiten. Es sei denn, man hält in der Johannisnacht Ausschau nach der versunkenen Stadt. Denn alle sieben Jahre, so die Legende, taucht Rungholt wieder aus den Fluten auf. Wer nicht so lange warten will, muss nur bei ganz ruhiger See die Ohren spitzen, denn dann kann man angeblich das Läuten der Rungholter Kirchturmglocken hören.

STURMFLUTEN UND ZUKUNFT

Nordsee ist Mordsee

Die Menschen an der Küste leben seit Jahrhunderten mit der Gefahr von Sturmfluten. Seit der „Generalplan Küstenschutz" nach der Sturmflut 1962 verabschiedet und umgesetzt wurde, scheinen die Deiche sicher. Die Erderwärmung und damit einhergehend der Anstieg des Meeresspiegels stellt die Küstenschützer jedoch vor neue Aufgaben. Gefährdet sind vor allem die Halligen und die Inseln. Wissenschaftler denken längst über neue Maßnahmen im Küstenschutz nach.

An Husums Binnenhafen ist augenfällig, was Sturmfluten für die Küste bedeuten

Helmut Bahnsen, einst Fischer und heute Hobby-Archäologe, macht manch grausigen Fund bei seinen Touren durchs Watt vor Pellworm. Tier- und Menschenschädel – bisweilen die von kleinen Kindern – liegen aufgereiht bei ihm in den Regalen. Stumme Zeugen des immerwährenden Kampfes der Küstenbewohner gegen die Naturgewalten, konserviert im Schlick, bei Ebbe für wenige Stunden freigegeben.

Nordsee ist Mordsee: Im Jahr 1362 forderte die „Grote Mandränke" bis zu 100 000 Opfer. Auch die Burchardiflut 1634 brachte Not und Elend mit sich und veränderte zudem die Küstenlandschaft nachhaltig. Die damaligen Deiche waren ein Witz im Gegensatz zu dem ausgeklügelten System heutzutage. Frühwarnsysteme beschränkten sich darauf, dass der eine oder andere Küstenbewohner ein Reißen in der Schulter verspürte.

Nach der schweren Sturmflut im Februar 1962 wurde der „Generalplan Küstenschutz" verabschiedet. In der Folge wurde unter anderem durch Vordeichungen die Deichlinie um gut 200 Kilometer verkürzt, das Eidersperrwerk gebaut. Weitere Katastrophen konnten so bislang verhindert werden. Doch durch den Klimawandel kommen neue Herausforderungen auf die Küstenschützer zu. Zumal die Nordseeküste aufgrund ihrer besonderen Geografie zu den gefährdeten Regionen zählt. Zudem bewirke die Erderwärmung nicht nur einen rascheren Anstieg des Meeresspiegels, sondern auch immer heftigere Sturmfluten. Glaubt man den Großrechnern der Universitäten und Institute, müssten bis zu 50 Meter hohe Deiche gebaut werden.

Der Pegel der Nordsee ist in den vergangenen hundert Jahren bereits um ungefähr 20 Zentimeter gestiegen. Und er steigt weiter. „Bis 2030 ist der derzeitige Küstenschutz an der Nordsee fast genauso wirksam wie heute", lautet die zunächst beruhigende Prognose Hans von Storchs vom küstenforschenden Helmholtz-Zentrum in Geesthacht. Doch voraussichtlich schon ab 2070 könnten Sturmfluten an der Nordsee mehr als einen Meter höher auflaufen als heute. Forscher entwickeln deshalb auch alternative

Welche Gewalt das
Meer haben kann, wird
bei diesem Bild eines
Tankers auf der Nordsee
deutlich – und hier war
es nur Windstärke 10 ...

Tetrapoden bei Hörnum:
Die monströsen Beton-
elemente konnten ihren
Zweck nicht erfüllen

Ideen und Konzepte. „Das Stichwort heißt Rückdeichung", sagt der Biologe Rainer Borcherding. „Man rechnet sich aus, was die Erhaltung von Land kostet. Wenn der Kosten-Nutzen-Faktor nicht mehr gegeben ist, dann sollte man das Stück Boden besser wieder der Nordsee überlassen." Ähnlich sieht es der Meeresforscher Karsten Reise vom Alfred-Wegener-Institut. Die Landschaft müsse umstrukturiert werden. Hinter den Deichen solle das Land nicht mehr entwässert, sondern teilweise sogar wieder unter Wasser gesetzt werden. Aufgrund des eingespülten Schlicks würde das Land quasi mit dem Meer mitwachsen. Die Häuser dort müssten dann auf Pontons oder auf Warften gebaut werden und Landwirte ihr Gemüse in schwimmenden Treibhäusern anbauen. Klingt abenteuerlich und kommt bei den Küstenbewohnern nicht besonders gut an. So ein Modell könnte auch touristisch interessant sein.

Neue Wege wirken abenteuerlich
Der Sturmflutexperte Professor Erik Pasche hingegen startete auf Sylt ein Deichbau-Experiment mit einer speziellen Stein-Klebstoff-Mischung. In den Schutzwällen mit ihren elastischen Verbindungen werden die Wellen nicht einfach abgehalten, sie können sich in den flexiblen Zwischenräumen des Hightech-Deichs

quasi abreagieren. An Sylt nagt die Nordsee besonders. Millionen sind in den Schutz der Insel investiert, teilweise im wahrsten Sinne des Wortes in den Sand gesetzt worden – wie in den 1960er-Jahren bei den sogenannten Tetrapoden vor Hörnum. Heute wird der Sand, den sich das Meer nimmt, via Rohrleitungen zurück vor die Küste Sylts gespült.

Eine Maßnahme, die bedingt auch für die Halligen infrage kommt. Ihre Zukunft ist mehr als ungewiss. Das Wasser steigt schon heute immer öfter bis zur Kante der Warft. Die Folge der steigenden Pegelstände: Die Grasnarbe der künstlichen Erdhügel wird ausgewaschen und marode. Der Untergang der einzigartigen Halligen wäre nicht nur jammerschade. Er hätte auch weitreichende Folgen für die Küstenlinie, da die Halligen als eine Art Wellenbrecher vor der Küste fungieren. Viele der Hallig-Bewohner halten das Gerede vom Klimawandel für Panikmacherei. Schließlich leben und überleben sie seit Jahrhunderten mit „Landunter". Ungeachtet dessen hat das Umweltministerium Schleswig-Holsteins vor einigen Jahren die Arbeitsgruppe „Hallig 2050" eingerichtet. Ihre Anstrengungen in allen Ehren – zu retten sind die Halligen auf Dauer wohl nur, wenn die kommenden Weltklimagipfel mehr Ergebnisse bringen als die bisherigen Konferenzen.

Halligen wie Langeneß
lassen die norddeutsche
Küstenstruktur gut
erkennen, aber auch
ihre Verletzbarkeit

Die besten Strände ...

... für alle, die aktiv sein wollen

Wem es zu langweilig ist nur im Strandkorb zu hocken, wer Action braucht, sich bewegen und amüsieren will, der ist an den weiten Stränden der Nordseeküste bestens aufgehoben. Über den Wellen tanzend auf dem Surfboard, frisch „paniert" vom feinen weißen Sand beim Beachvolleyball oder auf naturkundlichen Exkursionen im Watt und an den Stränden.

1 SPOrtlich

Wer Action und Abenteuer sucht im Nordseeurlaub, der ist an den weitläufigen Stränden St. Peter-Ordings, kurz SPO, genau richtig. Kitesurfer und Windsurfer finden am zwölf Kilometer langen und bis zu zwei Kilometer breiten Sandstrand ein erstklassiges Revier vor. Auch Strandsegler und Kitebuggyfahrer sind hier bestens aufgehoben. Und wer sich die halsbrecherischen Manöver selbst nicht zutraut, der schaut einfach zu, wenn am Strand von SPO die besten Kitesurfer der Welt durch die Lüfte segeln.

Tourismus-Zentrale St. Peter-Ording, Maleens Knoll 2, 25826 St. Peter-Ording, Tel. 04863 99 90, www.st-peter-ording.de

2 Watt´n Insel?

Büsum ist eigentlich bekannt für seine Grünstrände, doch mit der Familienlagune Perlebucht verfügt das Nordseebad zudem über ein feinsandiges Areal, das auch Wassersportlern eine Menge bietet. Wind- und Kitesurfer sind hier bestens aufgehoben, aber auch Stand-Up-Paddler (SUP) und SUP-Polospieler finden hier ein tolles Revier vor. Und das künstliche Areal hat sogar einen eigenen Namen erhalten: In einer Abstimmung entschieden sich Einheimische und Touristen nicht etwa für „LaBü" oder „Krabb´ Hoorn" sondern für „Watt´n Insel".

Tourismus Marketing Service Büsum, Südstrand 11, 25761 Büsum, Tel. 04834 90 90, www.buesum.de

3 Ich will zurück nach Westerland

Für Windsurfer gilt in jedem Fall, was die „Die Ärzte" einst in ihrem Kultsong besangen: „Ich will zurück nach Westerland". Der Strand vor Sylts Hauptort ist ein Dorado für Wassersportler, die Brandung legendär. Nicht umsonst findet hier alljährlich seit mehr als 30 Jahren der Windsurf Worldcup statt. Wer es etwas ruhiger angehen lassen will, der genießt die frische Nordseebrise bei einem Spaziergang von Westerland bis zum Roten Kliff in Kampen und zurück. Da weiß man hinterher auch, was man getan hat.

Insel Sylt Tourismus, Strandstraße 35, 25980 Sylt/ Westerland, Tel. 04651 99 80, www.insel-sylt.de Sylt Tourismus Zentrale, Keitumer Landstraße 10b, 25980 Sylt/ Tinnum, Tel. 04651 6026, www.sylt-tourismus.de

4 Sandkiste in der Nordsee

Eine der größten Strände an der Nordseeküste lockt zu zahlreichen sportlichen Aktivitäten. Der Kniepsand auf Amrum, genau genommen gar kein Strand, sondern eine knapp 15 Kilometer lange Sandbank, ist ein Paradies für Jogger. Vor allem früh morgens, wenn man sich die Sandkiste lediglich mit den Möwen, Austernfischern, Zwergseeschwalben und einigen Gleichgesinnten teilen muss. Ansonsten laden Beachvolleyball-Felder ein, genug Platz zum Bolzen ist hier sowieso. Für die „Lütschen" gibt es Spielgeräte, Trampolins und jede Menge Sand zum Sandburgen bauen.

Amrum Touristik Wittdün, Fähranleger, Inselstraße 14, 25946 Wittdün auf Amrum, Tel. 04682 94 03 0, www. amrum.de

5 Friesische Karibik

Der Hauptstrand auf Föhr nahe der „Hauptstadt" Wyk erstreckt sich über rund vier Kilometer. Feinster Sandstrand in der „friesischen Karibik" lockt nicht nur Sonnenanbeter und Wasserratten, sondern auch all jene, die Action und Bewegung im Urlaub brauchen. Die gibt es jede Menge auf den Beach-volleyball-Feldern, beim Beach-Soccer- oder Beach-Handball, auf dem Surfbrett oder hüpfenderweise auf dem Trampolin und den Bungee-Trampolin-anlagen.

Föhr Tourismus Gesellschaft, Feldstraße 36, 25938 Wyk auf Föhr, Tel. 04681 300, www.foehr.de

6 Dünenzauber

Klein, aber fein, das gilt für die Badedüne Helgolands. Und vor allem für den Sand des tideunabhängigen Strands mitten in der Nordsee. Ursprünglich war die Düne durch einen Wall mit der Hauptinsel verbunden, doch eine Sturmflut in der Neujahrsnacht 1721 riss Insel und Düne auseinander. Naturliebhaber kommen zur Beobachtung der Seehunde, zum Sammeln des einzigartigen Helgoländer Roten Feuersteins oder wandern auf dem naturkundlichen Rundweg über die Düne.

Kurverwaltung Helgoland, Lung Wai 28, 27498 Helgoland, Tel. 04725 8 08 22, www.helgoland.de

Muße mit Meeresrauschen

Mitten im Wattenmeer liegen die einzigartigen Halligen, bei Ebbe zu Fuß zu erreichen. Wenn der „Blanke Hans" wütet, dann ragen nur noch die Häuser auf den Warften, künstlich errichteten Erdhügeln, aus den Wassermassen. Die „grüne Insel" Föhr mit malerischen Friesendörfern liegt dagegen eher geschützt im Windschatten – ebenso wie Pellworm. Und für Nordstrand ist das Inseldasein längst Vergangenheit.

❶ Föhr

Marschwiesen, Äcker und Felder prägen das Bild der „Grünen Insel" (8500 Einw.), mit rund 83 km² Fläche zweitgrößte deutsche Nordseeinsel. Neben der „Hauptstadt" Wyk (4400 Einw.), bereits seit 1819 Seebad, sind vor allem die idyllischen Friesendörfer einen Besuch wert.

SEHENSWERT
Vorzeigeort Föhrs ist das beschauliche **Nieblum** TOPZIEL (650 Einw.) an der Südküste. Kleine reetgedeckte Kapitänshäuser mit herrlichen Bauerngärten ducken sich unter prächtigen Linden und Ulmen. Hauptattraktion ist die St.-Johannis-Kirche (13. Jh.; u. a. Taufbecken um 1200, Schnitzaltar 1487), wegen ihrer imposanten Erscheinung „Friesendom" genannt; „sprechende Grabsteine" stehen auf dem angrenzenden Friedhof.
Oldsum in der Marsch gilt als das Künstlerdorf der Insel. Wahrzeichen ist die Windmühle (1901). Auch auf dem Friedhof der St.-Laurentii-Kirche (1240) bei **Süderende** findet man „sprechende Grabsteine" (Führungen Juni–Mitte Sept. Mi. 15.00 Uhr). Bei **Utersum** mit dem wohl schönsten und familienfreundlichsten Strand der Insel ist eine 6000 Jahre alte jungsteinzeitliche Grabstätte zu finden.
Wahrzeichen **Wyks** ist der Glockenturm (1892) an der Großen Straße/Mittelstraße, Flaniermeile mit Blick auf die Halligen der Sandwall.

MUSEEN
Das **Carl-Haeberlin-Friesenmuseum** in Wyk präsentiert eine umfassende kulturhistorische Sammlung; markant ist das Portal aus den Kieferknochen eines Blauwals (Rebbelstieg 34, Wyk, Tel. 04681 25 71, www.friesen-museum. de; Mitte März–Okt. Di.–So. 10.00–17.00, Juli und Aug. tgl. 10.00–17.00, sonst Di.–So. 14.00 bis 17.00 Uhr).
Das **Museum Kunst der Westküste** zeigt überwiegend Werke mit maritimem Bezug (Hauptstraße 1, Alkersum, Tel. 04681 74 74 00, www.mkdw.de; 3. März–Okt. Di.–So. 10.00 bis 17.00, Do. 10.00–19.00 Uhr).
Ein Kuriositätenkabinett hat Rolf Stelly in seinem Friesenhaus zusammengetragen; **Stelly's**

Neue und althergebrachte Architektur vereint das Museum Kunst der Westküste in Alkersum (links). Flutmarken auf Hallig Hooge (rechts)

Hüüs ist Teestube und Café (Oldsum 38, Tel. 04683 3 06; April–Okt. Mi.–Mo. 11.30–18.00 Uhr).
Im **Nationalpark-Haus Föhr** ist vieles über die Bewohner des Nationalparks Wattenmeer zu erfahren; einige von ihnen sind in den Aquarien zu betrachten (Hafenstraße 23, 25938 Wyk, Tel. 04681 42 90, www.nph-foehr.nationalpark service.de; April–Okt. So.–Fr. 10.00–17.30, sonst Do.–Sa. 14.00–17.00 Uhr).

HOTELS UND RESTAURANTS
€ € € **Sternhagens Landhaus** verwöhnt seine Gäste mit regionaler und internationaler Küche und bietet gemütliche Zimmer im reetgedeckten Friesenhaus (Buurnstrat 49, 25938 Oevenum, Tel. 04681 5 97 90, www.sternhagens landhaus.de). Ebenso gemütlich nächtigt man in € € € / € € **Rackmers Hof** (Buurnstrat 1, 25938 Oevenum, Tel. 04681 74 63 77, www. rackmers.de).
Als beste Adresse in Sachen Essen und Trinken gilt das € € € **Restaurant Alt Wyk** (Große Straße 4, Tel. 04681 32 12, www.alt-wyk.de), dem 2012 ein Michelin-Stern verliehen wurde.

VERANSTALTUNGEN
Bei den **Piratentagen** im Aug. verwandelt sich Föhr in ein Piratennest, bereits Ende Juli gerät die Insel beim **Jazz-Festival** ins Swingen.

AKTIVITÄTEN
Das **Erlebnisbad Aquaföhr** bietet die komplette Palette vom Wellenbad über Saunalandschaft bis zu Wellness- und Thalassoangeboten (Stockmannsweg 1, Wyk, Tel. 04681 30 48, www. aquafoehr.de; wechselnde Öffnungszeiten).

INFORMATION
Föhr Tourismus, Am Fähranleger 1, 25933 Wyk auf Föhr, Tel. 04681 300, www.foehr.de

❷ Hallig Langeneß

Mit knapp 10 km² ist Langeneß (120 Einw.), aufgrund seiner Form auch „Lange Nase" genannt, die größte der Halligen. Bis zur Burchardiflut

(1634) war Langeneß mit der Nachbarhallig Oland verbunden.

SEHENSWERT

Für die 1894 errichtete **Inselkirche** mit der schönen Deckenmalerei wurden Teile der alten Inselkirchen übernommen, u. a. der Flügelaltar (1670), die Kanzel (1696) und die Taufbecken aus dem 13. und 16. Jh.

Tipp

Landunter im Kino

Vom berühmt-berüchtigten „Landunter" haben die meisten Urlauber schon mal gehört, doch wirklich vorstellen können sich wohl die wenigsten, was es bedeutet, wenn der „Blanke Hans" zuschlägt und den Menschen auf den Halligen das Wasser bis zum Hals steht. In der Sommersaison zeigt Thomas Diedrichsen im Sturmflutkino auf Hallig Hooge alle 20 Minuten einen Kurzfilm, der dies eindrucksvoll veranschaulicht.

INFORMATION

Sturmflutkino, Hanswarft, Hallig Hooge, Tel. 04849 271, www.sturmflutkino.de

MUSEEN

Das **Kapitän-Tadsen-Museum** zeigt, wie Halligbewohner vor rund 250 Jahren gelebt haben (Ketelswarf, Tel. 04684 217; Führungen Ostern bis Okt. Mo.–Sa. 13.30 und 15.30 Uhr). Auf dem Gelände der Ketelswarft sind zudem die Nachbauten einer Halligbockmühle sowie eine historische Segellore zu sehen. Mit der **Friesenstube** verfügt Langeneß über ein weiteres Heimatmuseum mit Exponaten aus dem 17. und 18. Jh. (Honkenswarf, Tel. 04684 235, www.friesenhaus-honkenswarf.de; tgl. 10.00–19.00 Uhr). Im **Käte-Gertsen-Haus** sind nicht nur „Döns" und „Pesel" eines Hallighauses zu besichtigen, das Museum ist zudem der Geschichte der Salzgewinnung in Nordfriesland sowie der Tradition der Hallig-Bewohner als Seefahrer gewidmet (Ketelswarf 1, Tel. 04684 217; Führungen März–Okt. Mo.–Sa. 10.30 Uhr).

HOTEL UND RESTAURANT

Im € € **Anker's Hörn** hat jedes Zimmer Meerblick (Mayenswarf 2, 25863 Hallig Langeneß, Tel. 04684 291, www.ankers-hoern.de). Die Gaststube des € € **Hotel Hilligenley** bietet Fisch- und Krabbenspezialitäten (Hunnenswarf, Tel. 04684 223, www.hilligenley.de).

AKTIVITÄTEN

Das Wattenmeerhaus Langeneß auf der Peterswarf bietet nicht nur **Wattwanderungen** und Vorträge an, sondern auch **vogelkundliche Exkursionen** (Peterswarf 2, Tel. 04684 216, www.schutzstation-wattenmeer.de).

UMGEBUNG

Auf **Hallig Oland** ist der kleinste (7,45 m) und zudem der einzige reetgedeckte Leuchtturm Deutschlands zu bestaunen. Die **Hallig Gröde** ist die kleinste selbstständige Gemeinde Deutschlands; sehenswert ist die Kirche (1779) mit Renaissance-Altar aus dem Jahr 1592 (www.groede.de).

INFORMATION

Gemeinde Langeneß & Oland, Ketelswarf 3, 25863 Hallig Langeneß, Tel. 04684 217, www.langeness.de

② Hallig Hooge

Die „Königin der Halligen" war im Mittelalter Teil der Insel Strand, ehe sie durch die „Grote Mandränke" 1362 abgetrennt wurde. Auf zehn Warften leben rund 110 Menschen. Hooge wird in der Saison tgl. von Amrum, Nordstrand, Sylt und Schlüttsiel aus angefahren.

SEHENSWERT

Die hübsche **Johanneskirche** (1637) beherbergt Teile der Einrichtung der zerstörten Kirche Osterwohld. Interessant ist die Renaissancekanzel mit Abbildungen von einem Wal und seinem Jungtier (Kirchenwarft, Tel. 04849 230).

MUSEEN

Das **Heimat- und Halligmuseum Hooge** lädt zum Besuch in eine typisch friesische Wohnstube vergangener Zeiten und präsentiert zahlreiche Funde aus dem Wattenmeer (Hanswarft, Tel. 04849 238; März–Okt. tgl. 11.00–16.00 Uhr). Auch im **Königspesel**, einer friesischen Wohnstube aus dem 18. Jh., bekommt man einen Einblick in die Halligwohnkultur (Hanswarft 11, Tel. 04849 219).

RESTAURANT

Hausgemachten Kuchen und regionale Spezialitäten bietet € € / € **Frerk's Buerhus** an (Lorenzwarft, 25859 Hallig Hooge, Tel. 04849 254, www.hallighotel.de).

AKTIVITÄTEN

Geführte **Wattwanderungen** kann man im Touristikbüro vereinbaren oder in der Schutzstation Wattenmeer – in Vorträgen werden die

Im Sommer gibt es viel Platz für die Tiere auf Hallig Hooge (links). Blau trifft auf Blau am Wattenmeer (rechts oben). Der „Königspesel" auf Hooge (rechts unten)

Bedingungen für das Leben auf der Hallig vor Augen geführt (Wattenmeerhaus Hooge, Hanswarft 2, Tel. 04849 229, www.schutzstation-wattenmeer.de).

INFORMATION

Touristikbüro, Hanswarft 1, 25859 Hallig Hooge, Tel. 04849 91 00, www.hooge.de

③ Pellworm

Die von Landwirtschaft bestimmte Insel (1100 Einw.) liegt im Durchschnitt einen Meter unter dem Meeresspiegel und ist rundherum mit Deichen geschützt. Ursprünglich Teil des Festlands, wurde Pellworm durch Sturmfluten und das Ansteigen des Meeresspiegels im Mittelalter zunächst vom Festland getrennt und bildete bis zur Burchardiflut (1634) mit dem heutigen Nordstrand die Insel Strand.

SEHENSWERT

Wahrzeichen ist die **Alte Kirche St. Salvator** (11. Jh.) mit markantem Turm, der 1611 einstürzte und auf die Hälfte seiner ursprünglichen Höhe (51 m) reduziert wurde. In der Saison gibt es herrliche Orgelkonzerte auf der Arp-Schnitger-Orgel (1711; www.alte-kirche.de). Der rund 41 m hohe **Leuchtturm** wurde im 1907 errichtet. Hier können Heiratswillige in den Hafen der Ehe einlaufen (Schardeich 10, Tel. 04844 711 43 37, www.leuchtturm-hochzeit.de; Besichtigungen n. Vereinb., Tel. 04844 18 94 0).

MUSEEN

Das **Inselmuseum** zeigt u. a. Exponate zur Inselkultur, zur Historie und zum Alltagsleben der Pellwormer (Uhlandestraße 2, Tel. 04844 1 89 35; Sommer Mo.–Do. 8.00–12.00 und 14.00 bis 18.00, Fr. 8.00–12.00, sonst Mo.–Do. 8.00 bis

12.00 und 14.00–16.00, Fr. 8.00–12.00 Uhr). Im **Rungholtmuseum** von Helmut Bahnsen kann man Spuren des sagenumwobenen „Atlantis in der Nordsee" finden (Westerschütting 2, Tel. 04844 569; Mi. ab 15.00 Uhr und n. Vereinb.) Im **Dampferschuppen Pellworm** ist die Dauerausstellung „Seefahrt tut not" zu besichtigen (Am Alten Hafen, Tel. 04844 12 66; April–Okt. tgl. 10.00–17.00 Uhr).

HOTELS

Die **Nordermühle** (1652) bietet gemütliche Ferienwohnungen (Tel. 05665 56 94, www.norder muehle-pellworm.de). Das **€ € / €** **Friesenhaus** wird gern gewählt, wenn die Hochzeit auf dem nahen Leuchtturm ansteht (Kaydeich 17, 25849 Pellworm, Tel. 04844 99 04 90, www. hotel-friesenhaus-pellworm.de).

AKTIVITÄTEN

Badespaß ist wetterunabhängig im **Freizeitbad Pellewelle** zu finden (Uthlandestraße 6, Tel. 04844 99 04 49, www.pelle-welle-freizeit bad.de; Mo. ab 10.00, sonst ab 14.00 Uhr).

INFORMATION

Kur- und Tourismusservice, Uthlandestraße 2, 25849 Pellworm, Tel. 04844 18 94 0, www.pellworm.de

➎ Nordstrand

Seit 1935 mit einem Damm und durch den Beltringharder Koog mit dem Festland verbunden, entstand Nordstrand (2300 Einw.) in der Burchardiflut im 17. Jh. Strände gibt es auf Nordstrand nicht, gebadet wird am Deichfuß.

SEHENSWERT

Die **St.-Vinzenz-Kirche** (13. Jh.) im Hauptort Odenbüll hat mit Schnitzaltar (1480) und Kanzel (1605) als eine der wenigen Kirchen der hiesigen Küste die großen Fluten „überlebt".

RESTAURANT

Im **€ € Pharisäerhof** wurde 1872 der Pharisäer „erfunden". Den gibt es zu selbst gebackenem Kuchen (Elisabeth-Sophien-Koog, Tel. 04842 353, www. pharisaerhof.de).

AKTIVITÄTEN

Von der Naturschutzstation Holmer Siel geht es ins **Naturschutzgebiet Beltringharder Koog** (Elisabeth-Sophien-Koog, Tel. 04842 90 01 50; Mo.–Fr. 9.00–12.00, Mo.–Do. 13.00 bis 16.00 Uhr). Zur **Hallig Südfall TOPZIEL** gelangt man per Kutsche (Tel. 04842 300) oder zu Fuß (dort vogelkundliche Exkursionen).

VERANSTALTUNGEN

Von Mitte Mai bis Ende Juli finden die **Nordfriesischen Lammtage** statt. Die sommerlichen **Nordstrander Musiktage** zeigen ein breites musikalisches Spektrum (Konzerte Mo.).

INFORMATION

Kurverwaltung, Schulweg 4, 25845 Nordstrand, Tel. 04842 454, www.nordstrand.de

Genießen   Erleben   Erfahren

DuMont Aktiv

Im Galopp durchs Watt

Es ist ein Gefühl von Freiheit und Abenteuer, auf dem Rücken der Pferde durch die einzigartige Landschaft des Wattenmeeres zu galoppieren. Doch selbst exzellente Reiter sollten sich in der sich ständig verändernden Naturlandschaft erfahrenen Führern anvertrauen.

Reiten auf dem Grund des Meeres – das geht nur im Nationalpark Wattenmeer an der Nordseeküste. Natürlich nicht zu jeder Zeit, sondern logischerweise nur bei Ebbe. „Am schönsten sind die Ausritte am frühen Morgen und am Abend, wenn die Sonne auf- oder untergeht", sagt Meike Ruppertz, die rund um die Insel Pellworm Wattreiten anbietet. „Aber das kann man sich eben nicht aussuchen, wir leben hier nun mal mit den Gezeiten." Wattreiten bedeutet Abschalten vom Alltag, die einzigartige Landschaft des Unesco-Welterbes genießen, die unendliche Weite spüren. „Das ist Natur pur, dieses salzige Prickeln auf der Haut. Viele Teilnehmer sehen nach einem Ausritt ins Watt zehn Jahre jünger aus", sagt Ruppertz lachend. Ein Hochgenuss für die Reiter ist es natürlich, im Galopp über den Meeresboden zu preschen, auf dass Wasser und Sand nur so spritzen. Erfahrene Wattreiter empfehlen übrigens, nicht zu dicht hinter dem Vordermann zu reiten, ansonsten sieht man nämlich hinterher aus wie ein Streuselkuchen. Doch auch gemächlichere Ausritte im Schritt haben ihren Reiz, denn dabei kann man den Wattführern hoch zu Ross noch lauschen, was sie über Wattwurm & Co. zu erzählen haben.

Weitere Informationen

Für Ausritte ins Watt sind Vorkenntnisse erforderlich. Es wird dringend davon abgeraten, auf eigene Faust loszureiten. Anbieter sind u.a.: **Appelhof**, Schulstraße 9, 25849 Pellworm, Tel. 04 84 4 2 24, www.appelhof-pellworm.de; **Ponyhof Inwersen**, 25863 Hallig Langeneß, Tel. 04684 226; **Lorenz Hoffmann**, 25980 Keitum, Tel. 04651 3 15 63, www.reitstall-hoffman.de; **Reit- und Fahrverein Föhr**, 25938 Alkersum, Tel. 04681 33 93

Im Land des Schimmelreiters

Der bedeutende Expressionist Emil Nolde hat seine nordfriesische Heimat in leuchtenden Farben auf die Leinwand gebracht. Der Dichter Theodor Storm, berühmtester Sohn Husums, hat den Kampf der Küstenbewohner mit den Naturgewalten in seiner Novelle „Schimmelreiter" in dramatische Worte gefasst. 2009 wurde das Wattenmeer von der UNESCO zum Welterbe erklärt – eine große Ehre, verbunden mit der Aufgabe, diese einzigartige Naturlandschaft zu schützen und zu erhalten.

Logenplätze für das Feuerwerk mit Blick auf die Hafenmeile: Husumer Hafentage

Der originalgetreue Garten des Nolde-Domizils in
Seebüll wird bis heute von Besuchern bewundert

Nolde-Museum: Das 2007 erbaute Restaurant- und Ausstellungshaus
erhielt bereits einen Architekturpreis

Im Bildersaal, dem Obergeschoss seines Ateliers, empfing Emil Nolde Besucher. Die ungewohnt dichte Hängung ist original rekonstruiert und
entspricht der Intention des Künstlers – die intensive Kraft der Farben sollte sich in seinen Gemälden dadurch gegenseitig verstärken

Die Husumer Hafentage erstrecken sich bis weit in die Altstadt:Marktplatz mit Riesenrad.

Der Künstler Emil Nolde befand: „Farbe ist Leben, Farbe ist Kraft!"

Kaum jemand dürfte seine nordfriesische Heimat so geliebt haben wie der Maler Emil Nolde. Zumindest hat sich kaum jemand so intensiv damit auseinandergesetzt wie der große deutsche Expressionist. 1867 geboren, wuchs er als Emil Hansen im kleinen Dorf Nolde im heutigen Dänemark auf. Erst später wurde der Ortsname zu seinem Künstlernamen. Nolde malte und malte, doch kaum jemand wollte seine Bilder kaufen. Bis sich der Maler ein Grundstück nördlich von Niebüll kaufte. Seebüll nannte Nolde sein Refugium, das er mit einem herrlichen Garten umgab, und alsbald wurden Blumen das Lieblingsmotiv für Nolde. „Farbe ist Leben, Farbe ist Kraft", pflegte er zu sagen.

Ungemalte Bilder

Eine intellektuelle Herangehensweise war dem tief religiösen Künstler fremd, seine Bilder waren ein Spiegel seiner Gefühle. Und dennoch war sein Stil revolutionär, verwegen – und umstritten. 1934 wurde Emil Nolde Mitglied der nationalsozialistischen Arbeitsgemeinschaft Schleswig-Holstein. Er verstand sich als urdeutscher Künstler, der für das Schöne und Edle eintrat. Umso mehr traf es Nolde, dass die Nationalsozialisten ausgerechnet ihn als „volksfremd" und „entartet" brandmarkten, ihn 1941 sogar mit Malverbot belegten. Obwohl die Gestapo kontrollierte, malte er heimlich weiter. „Ungemalte Bilder" nannte Nolde die Werke, einige der bedeutendsten des großen Expressionisten, der 1956 im Alter von 90 Jahren in Seebüll starb.

Ernte aus der Luft

Wie Nolde die zahlreichen Windräder in seiner nordfriesischen Heimat gefallen hätten? Da die modernen Windmühlen aber alles andere als farbenfroh gehalten sind, dürften sie ihm nicht besonders zugesagt haben. Die gesamte schleswig-holsteinische Küste ist Windland, die sich drehenden Rotoren gehören inzwischen zur Landschaft wie Ebbe und Flut zur Nordsee. Mit dem „Growian" stand – staatlich gefördert – die weltweit größte Windenergieanlage am Kaiser-Wilhelm-Koog in Dithmarschen. Der Prototyp hatte so seine Kinderkrankheiten und brachte keinesfalls den gewünschten Erfolg. Und doch gilt die Anlage als wegweisend .

Seit den 1990er-Jahren schossen die Windräder auch in Nordfriesland wie Pilze aus dem Boden. Kritiker verteufelten sie als „Verspargelung" der Landschaft, andere sahen Chancen in der erneuerbaren Energie. Zumal es sich für viele Nordfriesen immer schwieriger gestaltete, ihre Existenz nur über die Land-

Im Schatten der Marienkirche breitet sich rund um den Stine-Brunnen der Husumer Wochenmarkt aus.

Nach einem Bummel durch die Altstadtstraßen
wie die Neustadt zieht es die Besucher
zur Husumer KulturNacht ins Rathaus.

Schloss vor Husum: Das Torhaus zeigt sich in Spätrenaissanceformen.

Die launige Schlossführung führt
von Kamin zu Kamin.

Biikebrennen

„Maak di Biiki ön."

Lausig kalt ist es in der Regel im Winter an der Nordseeküste. Das ändert sich vorübergehend am Abend des 21. Februar auf den Inseln, den Halligen und seit den 1970er-Jahren auch wieder an der nordfriesischen Küste: wenn die Flammen beim traditionellen Biikebrennen auflodern.

Das friesische Wort Biike bedeutet so viel wie Feuerzeichen. Die Tradition der Biikebrennen hat sich über viele Jahrhunderte erhalten, allein die Bedeutung hat sich verändert. Ursprünglich war es ein heidnischer Brauch, um den Winter und böse Geister zu vertreiben. Im 17. und 18. Jahrhundert brannten die Feuer, wenn die Walfänger zusammenkamen, um ihre anstehende Fahrt ins Eismeer zu besprechen. Es heißt aber auch, die Feuer seien zudem ein Zeichen der Inselfrauen an die Männer auf dem Festland gewesen, sollten signalisieren, dass die Frauen der Walfänger von nun an männlichen Beistand und Zuwendung brauchten – in jedweder Hinsicht angeblich. Heute sind die Biikebrennen eher ein spaßiges Winterfest für die friesischen „Ureinwohner" und die Touristen. Tradition hat auch der Brauch, den Nachbardörfern oder -höfen das Feuer entweder zu löschen oder gar vor dem Abend des 21. Februar anzuzünden. Nach dem Biikebrennen geht es gemeinsam in die gute Stube zum Grünkohlessen.

wirtschaft zu sichern. Nun, so sagen die nordfriesischen Windbauern, könnten sie nicht nur ihren Weizen oder ihren Raps von den Feldern, sondern auch den Wind ernten. Ganz nebenbei haben sie sich phantastische Ausgucke geschaffen. Dort oben genießen sie den Ausblick getreu des friesischen Mottos „rüm Hart, klaar Kimming", was frei übersetzt so viel bedeutet wie „reines Herz, klarer Horizont". Über 60 Prozent des Stromverbrauchs in Schleswig-Holstein wird inzwischen aus erneuerbarer Energie gewonnen.

„Des Meeres gärender Ton"

Der Dichter Theodor Storm war lebenslang ein Mann der Küste. Er ist aufgewachsen mit den Gezeiten. Oft hat der berühmteste Sohn Husums am Wasser gestanden und bei Flut auf die glitzernden Wellen der Nordsee geschaut, bei Ebbe seinen Blick über die graue Weite des Watts schweifen lassen. Storm hat gestaunt über die spröde Schönheit – und er hat gelauscht. „Des Meeres gärender Ton" nannte der Dichter das, was er im Watt zu hören bekam, wenn ihm ausnahmsweise mal keine steife Brise um die Ohren pfiff.

Das Wattenmeer in der Nordsee, von den Niederlanden im Westen bis hoch nach Dänemark im Norden, wurde 2009

Zu den Husumer Hafentagen gehören auch rockige Töne.

Husums Neues Rathaus und alte Schifffahrtstradition:Die „Hildegard" ist mittlerweile ein Museumsschiff.

Das Husumer Schifffahrtsmuseum ist auch den Zeiten gewidmet, in denen im Watt noch mit der Hand gearbeitet wurde und Schiffe unter Segeln fuhren.

Husums Binnenhafen ist das touristische Zentrum der Stadt.

von der UNESCO zum Welterbe erklärt. Und wird seitdem in einem Atemzug mit so weltberühmten Naturschönheiten wie dem Great Barrier Reef und dem Grand Canyon genannt. Mit einer Fläche von knapp 4500 Quadratkilometern ist der Nationalpark Schleswig-Holsteinisches Wattenmeer der größte zwischen Nordkap und Sizilien. Auch hier zwischen Brunsbüttel und Niebüll erscheint das Watt als endlose Fläche aus Schlamm und Matsch, tot und leblos. Doch wer näher hinschaut oder die Ohren spitzt, nimmt wahr, welch unglaubliche Vielfalt diese einzigartige Gegend – nicht Land, nicht Meer – zu bieten hat. Es wimmelt nur so an Lebewesen im Watt,

Zigtausende Schnecken, Würmer und Krebse leben auf einem einzigen Quadratmeter, perfekt angepasst an die stetig wechselnden Lebensbedingungen zwischen Ebbe und Flut.

Das Wattenmeer ist eine ideale Rast- und Brutstätte für Vögel. Mehr als zehn Millionen Zugvögel jährlich machen Station an der „Tankstelle" Wattenmeer vor der Nordseeküste. Einige von ihnen stehen auf der Liste bedrohter Arten. Auch die Schweinswale sind gefährdet. Viele von ihnen enden in Fischernetzen, der Lärm von Passagier- und Sportbooten, aber auch der von Industrieansiedlungen setzt den Meeressäugern massiv zu.

Zahlreiche Naturschutzstationen sind inzwischen an der Küste und auf den Inseln eingerichtet worden. Deren Mitarbeiter versuchen die Touristen im Umgang mit der einzigartigen Naturlandschaft zu sensibilisieren, arbeiten oft ehrenamtlich für den Erhalt und Schutz dieser bedrohten Schönheit in Schlick. Umweltschützer kritisieren, dass das Gütesiegel Welterbe von der Tourismus-Branche benutzt werde, um noch mehr Urlauber anzulocken. Trendsportler wie die Kitesurfer gelten ihnen als massive Störenfriede im Vogelparadies Wattenmeer. Die Umweltverbände fordern deshalb dringend Strategien für nachhaltigen Tourismus.

EINE UNBEKANNTE MINDERHEIT

„Lewer duad üs slav!"

Die Friesen sind neben den Sorben, den Dänen und den deutschen Roma und Sinti eine der vier anerkannten nationalen Minderheiten in Deutschland. An der schleswig-holsteinischen Küste, auf den Inseln und den Halligen leben rund 50 000 Menschen, die sich der Volksgruppe der Friesen zugehörig fühlen. Ungefähr 10 000 von ihnen sprechen einen der zahlreichen nordfriesischen Dialekte, die inzwischen vermehrt wieder an den Grundschulen gelehrt werden.

Überall an der Küste flattert
die friesische Flagge im Nordseewird

Erstmals in den Geschichtsbüchern erwähnt wurden die Friesen im 4. Jahrhundert vor Christus. Im 8. Jahrhundert nach Christus machten sich die ersten Friesen auf Wanderschaft, von ihrem ursprünglichen Siedlungsraum im Norden der jetzigen Niederlande, wo bis heute Friesen leben, in Richtung Halligen und Nordfriesische Inseln. Rund 400 Jahre später siedelten sie auch an der nordfriesischen Festlandsküste. Angeblich geht ihr Name auf das germanische Wort „frisle" zurück, was so viel wie „Haarlocke" bedeutet. Andere favorisieren, „Friese" leite sich von „frei" ab. Das scheint einleuchtend, besitzen die Friesen doch einen ausgesprochenen Sinn für Freiheit und Unabhängigkeit. Was nicht zuletzt ihr Wahlspruch „Lewer duad üs slav" (Lieber tot als Sklave) belegt.

Die gelegentlichen Bestrebungen, einen eigenen nordfriesischen Staat zu gründen, fanden keine Mehrheit in der Bevölkerung. Eine eigene Flagge haben die Nordfriesen natürlich trotzdem. Gehalten in den Farben „gölj, rüüdj, ween", also Gelb, Rot und Blau. Auf dem Wappen findet man neben der dänischen Krone und einem halben deutschen Reichsadler einen Grütztopf. Der Legende nach sollen wackere friesische Frauen Eindringlinge mit Geschossen aus heißer Grütze vertrieben haben. Den Wahrheitsgehalt solcher Geschichten zu ergründen hat sich das Nordfriisk Instituut (Nordfriesisches Institut) auf seine Fahnen geschrieben. Die Einrichtung mit Sitz in Bredstedt hat große Bedeutung für die Bewahrung und Förderung der friesischen Kultur, der friesischen Geschichte und vor allem der friesischen Sprache.

Grenzenloses Friesentum

Das Friesische ist eine eigenständige Sprache und zählt zur westgermanischen Sprachgruppe, Nordfriesisch ist angereichert mit einigen dänischen Brocken. Es wird von knapp 10 000 Menschen gesprochen, geschützt von der Europäischen Charta der Regional- oder Minderheitensprachen. Wobei Nordfriesisch nicht gleich Nordfriesisch ist. Auf Föhr spricht man Fering, auf Sylt Sölring. In der Regel

In Bredstedt (friesisch: Bräist) zeigt sich das Friesische allerorden – vor allem im Nordfriisk Instituut, dessen Direktor Professor Thomas Steensen ist (rechts). Die Reetdächer der Friesenhäuser behüten friesische Wohnkultur – und werden gern für weitreichende Lebensentscheidungen aufgesucht: hier ein Brautpaar vor dem Amrumer Standesamt in Nebel (links)

Informationen

Nordfriisk Instituut,
Süderstraße 30, 25821 Bredstedt,
Tel. 04671 6012 0,
www.nordfriiskinstituut.de

verstehen sich die Nordfriesen untereinander. Und dennoch kommt ein schönes Kauderwelsch zusammen, wenn der Helgoländer auf Halunder und der Festlandfriese auf Wiedingharder Freesk seinen Senf dazu gibt. Die Aufforderung, bitte schön nicht zu rauchen, lautet beispielsweise auf Wringhiirder Freesk: „Hir muit fulk ai rüke", auf Halunder „Hiir dör ni reaket wür" und im Noordergooshiirder Fräisch: „Här mout äi smööked waare".

Als Dachorganisation der Friesen an der gesamten Nordseeküste, also den Niederlanden, Ostfriesland und Nordfriesland, fungiert der Frasche Rädj (Interfriesische Rat). Der Nordfrasche Feriin (Nordfriesischer Verein) und der Friisk Foriining (Friesischer Verein) sind die wichtigsten Interessensvertretungen der Nordfriesen. Die Verabschiedung des Friisk Gesäts (Friesisch-Gesetz) im Jahr 2004 sicherte der nationalen Minderheit das Recht zu, sich zur friesischen Volksgruppe zu bekennen. Auf Helgoland und in Nordfriesland ist Friesisch seitdem zweite offizielle Sprache. An Grundschulen wird wieder verstärkt Friesisch unterrichtet, und an den Universitäten in Flensburg und Kiel kann man sogar den Studiengang Friesisch belegen.

Kulturstätten der Küste

Der „Blanke Hans" brachte den Menschen an der Küste Unheil und Schrecken. Husum allerdings hat der Sturmflut von 1362 seine exponierte Lage am Meer zu verdanken. Die hübsche Hafenstadt ist nicht nur das wirtschaftliche, sondern auch kulturelles Zentrum Nordfrieslands. Kunstwerke von Weltrang sind ein Stück weiter im Norden entstanden. In Seebüll lebte und malte der Expressionist Emil Nolde.

Husum

Die „Graue Stadt am Meer" hat Theodor Storm (1817–1888) einst seine Heimatstadt Husum genannt. So schön der berühmteste Sohn der Stadt auch gedichtet haben mag, seinen Aussagen muss man widersprechen. Erstmals 1252 erwähnt, ist die Stadt alles andere als grau. Durch die „Grote Mandränke" 1362 über Nacht zur Küstenstadt geworden, überrascht die größte und „Hauptstadt" Nordfrieslands (22 000 Einw.) mit einer hübschen Altstadt, einem lebendigen Hafen und einem umfangreichen Kulturangebot. Große Bedeutung hat Husum als Messe- und Produktionsstandort für die Windenergie.

SEHENSWERT
Der **Marktplatz TOPZIEL** mit seinen Giebelhäusern und der klassizistischen Marienkirche

Husums Hafenpromenade am Binnenhafen (links). Charakteristischer Giebel des Nissenhauses (rechts oben). Schloss vor Husum hinter seinem Graben (rechts unten)

Tipp

Auf Herzogs Spuren

....

Einen bisweilen intimen Einblick in die Privatsphäre der Herrscher aus dem Hause Schleswig-Holstein-Gottorf bekommt man während einer Kostümführung durch die Gemächer des Schlosses vor Husum. Jan und Edeltraut Carstens schlüpfen, gewandet in prächtige Kostüme von anno dazumal, in die Rollen von Herzog Friedrich III. und Herzogin Maria Elisabeth, erzählen allerlei Wissenswertes und reichlich Anekdoten aus dem schillernden Leben der ehemaligen Schlossherren. So verrät Edeltraut Carstens alias Maria Elisabeth unter anderem ihre Spielsucht, die sie im wahrsten Sinne des Wortes beinahe Haus und Hof gekostet hätte.

INFORMATION
Schloss vor Husum s. Husum, Museen. Führungen in historischen Gewändern Ende Juni–Mitte Sept. So. 11.30 Uhr

---

aus dem frühen 19. Jh. ist das Zentrum Husums. An der Nordseite (Nr. 9) befindet sich Theodor Storms Geburtshaus. Das heimliche Wahrzeichen der Stadt, die Tine, schmückt den 1902 errichteten gleichnamigen Marktbrunnen. Maritimes Flair versprüht die Husumer **Hafenpromenade** am Binnenhafen. Das **Schloss vor Husum** ließ Herzog Adolf I. von Schleswig-Holstein-Gottorf Ende des 16. Jh. als Renaissanceresidenz erbauen (heute Museum); im dazugehörigen Schlosspark erblühen im Frühjahr Abertausende Krokusse.

MUSEEN
Dem berühmtesten Sohn der Stadt und Autor der Novelle „Der Schimmelreiter" hat die Theodor-Storm-Gesellschaft ein Museum gewidmet; das Kaufmannshaus von 1730 hatte Theodor Storm eine Zeit lang bewohnt, und es ist mit Originalmöbeln und Bildern aus dem Besitz des Dichters ausgestattet (**Storm-Museum,** Wasserreihe 31, Tel. 04841 803 86 30, www.storm-gesellschaft.de; April–Okt. Di.–Fr. 10.00–17.00, Sa. 11.00–17.00, So. und Mo. 14.00 bis 17.00, sonst Di., Do. und Sa. 14.00–17.00 Uhr). Im **Schloss vor Husum** sind u. a. die Wohn-

und Schlafräume, der Rittersaal, die Schlosskapelle und die fürstliche Loge zu besichtigen. Zudem werden im Schloss Sonderausstellungen präsentiert und Konzerte abgehalten (König-Friedrich-V.-Allee, Tel. 04841 897 31 30, www.museumsverbund-nordfriesland.de; März–Okt. Di.–So. 11.00–17.00, sonst Sa. und So. 11.00 bis 17.00 Uhr). Das **Poppenspäler Museum** im Schloss widmet sich der Geschichte des Figurentheaters; für die „Lüttschen" bietet das Museum u. a. Märchenstunden und Bastelaktionen (König-Friedrich-V.-Allee 2, Tel. 04841 6 32 42, www.pole-poppenspaeler.de; März–Okt. Di. bis Fr. 11.00–17.00, sonst Sa. und So. 11.00 bis 17.00 Uhr).
Das **Schiffahrtsmuseum Nordfriesland** am Husumer Binnenhafen präsentiert zahlreiche Exponate rund um die Seefahrt (Am Zingel 15, Tel. 04841 52 57, www.schiffahrtsmuseum-nf. de; tgl. 10.00–17.00 Uhr).
Das **NordseeMuseum** im 1937 eröffneten, backstein-expressionistischen Nissenhaus zeigt, wie sehr das Leben der Nordfriesen stets mit den Naturgewalten der Nordsee verbunden

war. Sehenswert sind auch die Kunstsammlung sowie die Abteilung zur Kulturgeschichte und zur Historie der Stadt Husum (Herzog-Adolf-Straße 25, Tel. 04841 25 45, www.museums verbund-nordfriesland.de; April–Okt. tgl. 10.00 bis 17.00, sonst Di.–So. 11.00–17.00 Uhr).
Das **Ostenfelder Bauernhaus** (um 1600) zählt zu den ältesten deutschen Freilichtmuseen. Das reetgedeckte Bauernhaus wurde bereits 1899 von Ostenfelde nach Husum verbracht und vermittelt einen guten Überblick über das bäuerliche Leben der vergangenen Jahrhunderte. Herzstück des Museums ist die sogenannte „Döns", eine Wohnstube aus dem 18. Jh. mit geschnitzter Alkovenwand (Nordhusumer Straße 13, Tel. 04841 25 45, www. museumsverbund-nordfriesland.de; April–Okt. Mi.–So. 12.00–17.00 Uhr).

HOTELS UND RESTAURANTS

Bestnoten kann man für das € € € € / € € € Hotel **Altes Gymnasium** sowie das angegliederte Feinschmeckerrestaurant € € € € **Eucken** vergeben (Süderstraße 2, 25813 Husum, Tel. 04841 83 30, www.altes-gymnasium.de). Weitaus günstiger gibt es erstklassige Fischspezialitäten im € **Fischhaus Loof** am Hafen auch „auf die Hand" (Kleikuhle 7, Tel. 04841 20 34). Nett sitzt man auch im **Schlosscafé** (König-Friedrich-V.-Allee, Tel. 04841 804 44 11). Für Liebhaber feinster regionaler Küche lohnt ein Ausflug in den preisgekrönten € € € **Dörpskrog Ahrenshöft** (Dorfstraße 52, 12 km nördl. in Ahrenshöft, Tel. 04846 975). In € € **Paulsen's Landhotel** (10 km nördl.) kann man sich wunderbar dem Alltag entziehen (Norderende 8, 25853 Bohmstedt, Tel. 04671 15 60, www.paulsens-hotel.de). Das reetgedeckte € € **Hotel Lundenbergsand** in Simonsberg (5 km südl.) bietet komfortable Zimmer (Lundenbergweg 3, 25813 Simonsberg, Tel. 04841 8 39 30, www.hotel-lundenbergsand.de).

VERANSTALTUNGEN

Jedes Frühjahr begeht Husum das **Krokusblütenfest**. Unzählige Krokusse verwandeln den Schlossgarten in ein lila Blütenmeer, in das „lila Wunder des Nordens". Während des Festes wird die Husumer Krokusblütenkönigin gewählt. Im Herbst findet das **Internationale Figurentheater Festival** (Pole Poppenspäler Tage Husum) statt.
In Simonsberg wird am Abend des 21. Febr. eines der größten Feuer der Küste zum traditionellen **Biikebrennen** entzündet.

UMGEBUNG

Wer auf den Spuren des „Schimmelreiters" wandeln will, sollte nach **Hattstedt** fahren, auf dessen Friedhof Deichgraf Johann Iwersen Schmidt (1789–1875), Storms Vorbild für den Schimmelreiter, begraben liegt. Im „Schimmelreiterkrug" in der Hattstedter Marsch wurde der „Schimmelreiter" 1934 erstmals verfilmt.

INFORMATION

Tourist-Information, Historisches Rathaus, Großstraße 27, 25813 Husum, Tel. 04841 89 87 0, www.husum-tourismus.de

Unterwegs in Nordfrieslands Niederungen (links). Von Dagebüll geht es hinüber nach Amrum und Föhr (rechts)

❷ Bredstedt

Der Luftkurort (5000 Einw.; friesisch: Bräist) liegt im Herzen Nordfrieslands zu Fuße des Stollbergs, mit 44 m eine der höchsten Erhebungen der Region. Bei guter Sicht hat man von hier aus einen schönen Blick über das Wattenmeer samt Halligen. 1231 erwähnt, lag der Ort bis zum Ende des 15. Jh. am Meer.

SEHENSWERT

Die spätgotische **Nikolaikirche** wurde 1510 errichtet (www.kirche-bredstedt.de); im Inneren ist eine Kanzel aus der Mitte des 17. Jh. sowie eine Taufe vom Ende des 16. Jh. zu finden.

MUSEEN

Im **Naturzentrum Mittleres Nordfriesland** kann der Besucher einen Streifzug durch Geest, Marsch, Moor, das Wattenmeer und auf die Halligen unternehmen. Zudem bietet der Verein Wattwanderungen, diverse Veranstaltungen und Workshops an (Bahnhofstraße 23, Tel. 04671 45 55, www. naturzentrum-nf.de; Mai bis Okt. Mo.–Sa. 10.00–17.00 Uhr).
Bereits 1964 gründete die friesische Minderheit das **Nordfriisk Instituut**, das sich zum Ziel gesetzt hat, die friesische Kultur, Sprache und Geschichte zu bewahren, zu pflegen und zu fördern (Nordfriisk Instituut, Süderstraße 30, 25821 Bredstedt, Tel. 04 67 1 6 01 20, www. nordfriiskinstituut.de).

HOTEL UND RESTAURANT

Die Bredstedter € € / € **Friesenhalle** wurde bereits mehrfach für hervorragende regionale Küche ausgezeichnet (Hermannstraße 1, Tel. 04671 6 01 00, www.die-friesenhalle.de). Knapp 10 km nordw. von Bredstedt liegt der € € **Landgasthof Bongsiel**. Neben dem ausgezeichneten Speiseangebot sind vor allem die Bilder an den Wänden der Gaststube bemerkenswert. Künstler haben sie als Geschenk dagelassen oder ihre Zeche damit bezahlt (Am Kanal 2, Bargum, Tel. 04674 14 45, www. bongsiel.de).

AKTIVITÄTEN

Abkühlung an heißen Tagen findet man im **Erlebnisfreibad Bredstedt**, das u. a. über eine 86 m lange Wasserrutsche verfügt (Süderstraße, Tel. 04671 31 83, www.erlebnisbad-bredstedt.de; Juni–Aug. 11.00–20.30, Mai und Sept. 13.00–19.00 Uhr).

INFORMATION

Tourist-Information, Markt 37, 25821 Bredstedt, Tel. 04671 58 57, www.stadt-bredstedt.de

❸ Niebüll

Erstmals 1436 erwähnt, ist die Kleinstadt Niebüll (friesisch: Naibel) den meisten heute vor allem als Bahnhof für die Autoverladung in Richtung Sylt bekannt. Dank der Eröffnung der Marschbahn 1887 und erst recht mit der Einweihung des Hindenburgdamms 1927 etablierte sich die Kreisstadt (9300 Einw.) als Verkehrsknotenpunkt in Nordfriesland.

MUSEEN

Im backsteinernen Rathaus befindet sich das **Richard-Haizmann-Museum**. Die Werke des Hamburger Malers und Bildhauers (1895–1963) wurden von den Nationalsozialisten als „entartete Kunst" verunglimpft, Haizmann zog sich zurück in den äußersten Norden Deutschlands, wo er bis zu seinem Tode lebte und arbeitete. Daneben werden Wechselausstellungen, überwiegend moderne Kunst, präsentiert (Rathausplatz 2, Tel. 04661 10 10, www.haizmann-museum.de; März–Okt. Di.–Fr. 11.00–16.30, Sa. 11.00–13.00, So. 14.00–17.00, sonst Di.–So. 15.00–18.00 Uhr). Wissenswertes über Flora und Fauna der Region ist im **Naturkundemuseum Niebüll** zu erfahren (Hauptstraße 108, Tel. 04661 56 91, www.nkm-niebuell.de; Juni bis Aug. tgl. 14.00–17.30, April, Mai, Sept. und Okt. Di.–So. 14.00–17.30 Uhr).
Das **Friesische Museum** in Niebüll-Deezbüll ist in einem reetgedeckten Bauernhaus untergebracht und zeigt friesische Wohnkultur vergangener Zeiten (Osterweg 76, Tel. 0175 414 61 85, www.friesisches-museum.de; Juni bis Sept. tgl. 14.00–16.00 Uhr).

AKTIVITÄTEN

Auf der stillgelegten Bahnstrecke zwischen Leck und Unaften lässt sich die Landschaft Nordfrieslands per **Draisine** erkunden (Tel. 04841 93 97 47, www.draisinentour-nf.de). Birgit Andresen und Dr. Walther Petersen-Andresen bieten ab Dagebüll verschiedene **Wattwanderungen** an (Juliane-Marienkoog, Dagebüll, Tel. 04667 466, www.wattwanderungen-hallig erlebnis.de).

UMGEBUNG

Im einstigen Wohnhaus des großen deutschen Expressionisten Emil Nolde (1867–1956) in **Seebüll** (15 km nördl.) ist seit 1957 das Emil-Nolde-Museum untergebracht. Die Sammlung umfasst einen Großteil der Werke Noldes, der hier lebte und arbeitete (Nolde Stiftung Seebüll, 25927 Neukirchen, Tel. 04664 98 39 30, www.nolde-stiftung.de; März–Nov. tgl. 10.00 bis 18.00 Uhr).
Rund 10 km östl. von Niebüll wurde einst Pop- und Rockgeschichte geschrieben; zunächst hatte sich die Band „Ton Steine Scherben" aus dem hektischen Berlin in die Idylle Schleswig-Holsteins zurückgezogen, nach der Auflösung der Gruppe lebte und arbeitete ihr ehemaliger Frontmann Rio Reiser in **Fresenhagen**.
2011 wurde der 1996 verstorbene „König von Deutschland" Rio Reiser, der im Ort seine letzte Ruhestätte gefunden hatte, in seine Heimatstadt Berlin umgebettet.
Dagebüll nennt sich das „Fenster zur Nordsee". Von hier aus verkehren die Fähren nach Föhr und Amrum. Einen Abstecher wert sind die St.-Dionysius-Kirche in Dagebüll-Kirchwarft sowie die St.-Laurentius-Kirche in **Fahrentoft** (Tel. 04674 315). Der Nordfriesische Heimatverein Dagebüll bietet einen dorfgeschichtlichen Wanderweg durch seinen Museumspark Fahrentoft (Tel. 04674 366 oder 04674 96 21 98). Nur wenige Kilometer hinter der deutsch-dänischen Grenze liegt die ehemalige Marschmetropole **Tønder** (Tondern) mit hübschen Patrizierhäusern in seiner Altstadt, die daran erinnern, dass Tondern bis vor 350 Jahren Hafenstadt war. Ende Aug. findet das Tønder-Festival statt, eines der größten Folk-Festivals Europas.
Über einen Damm gelangt man zur weiter nördl. gelegenen dänischen Nordseeinsel **Rømø;** sie ist perfekt für einen Badeausflug, besitzt sie doch den breitesten Sandstrand der Nordseeküste. Der Museumskomplex des Kommandeurshofs gehört zum dänischen Nationalmuseum und bietet u. a. eine Ausstellung über Wale und Walfang sowie Einblicke in die kleinste und älteste Schule Dänemarks, der „Toftum Skole". Im Juni steigt das Rømø-Jazz-Festival, im Sept. lassen Könner aus aller Welt am Strand ihre Drachen steigen.

INFORMATION

Tourist-Information, Rathausplatz, Postfach 1205, 25892 Niebüll, Tel. 0466194 10 15, www.niebuell.de
Rømø-Tønder-Turistbureau, Havnebyvej 30, DK-6792 Rømø, Tel. 0045 74 75 51 30, www.rømø.dk

Genießen   Erleben   Erfahren

Paddelparadies im Norden

Lecker Au oder Soholmer Au im Norden Nordfrieslands sind nicht gerade Wasserstraßen von Weltrang. Auch der Bongsieler Kanal kann sich wahrlich nicht mit dem Nord-Ostsee-Kanal messen. Aber gerade das macht die kleinen, einsamen Wasserläufe in der Nähe der Nordseeküste zu Paddelrevieren erster Güte.

Immer eine Handbreit Wasser unterm Kiel, den weiten Himmel Nordfrieslands über sich. Dazu die klare Nordseeluft in der Nase, das Kreischen der Möwen im Ohr. Das Kanu- und Kajakfahren auf den tideunabhängigen Flüssen und Kanälen im Land der Horizonte ist ein ganz besonderes Naturerlebnis. Geeignet sind Lecker Au, Soholmer Au und der Bongsieler Kanal aufgrund kaum nennenswerter Strömungen auch für „Landratten". „Das Revier ist ideal für Könner und für Anfänger", sagt Renate Breckling-Ingwersen vom Kanu-Service-Südtondern. Nur die Schafe auf den Deichen steuerbord und backbord schauen zu beim „Törn" auf dem Weg zur Nordsee. Vorbei an Waygaard, das im späten Mittelalter noch eine Hallig war, ein Picknick am Deich, ein erfrischendes Bad in der Au oder, nach dem Umtragen der Boote, ein kleiner Ausflug auf den Bottschlotter See – das ist aktiver Hochgenuss im platten Land. In Schlüttsiel an der Küste dann ist Schluss für Süßwasserpiraten. Unter anderem ab hier können geführte Paddel-Touren hinaus auf die Nordsee gebucht werden.

Weitere Informationen

Unter anderem der Kanu-Service-Südtondern (Blöcke 12, 25899 Dagebüll, Tel. 04674 865, www.kanu-service.de) bietet diverse Paddelboote zum Verleih. Zudem gibt es Tipps und Tourenkarten für das heimische Revier, gegen Aufpreis auch den Rücktransport der Boote.

Wer sich auf die Nordsee hinauswagen will, sollte eine Menge Erfahrung haben oder die geführten Touren buchen (www.seekajak-faszination.de) – u. a. von Frank Steinauer (Tel. 0171 532 96 07) und Frauke Rörden-Prang (Tel. 04661 49 90 und 0170 932 71 34).

Von Wasser umgeben

Schier endlose Weite, sattgrüne Marschlandschaft, mehr Schafe und Kühe als Menschen – und von drei Seiten von Wasser umgeben. Die Halbinsel Eiderstedt ist ein ganz besonderes Stück Norddeutschland. Und alles andere als eintönig. Malerische und kulturhistorisch interessante Städtchen wie Tönning, Garding und Friedrichstadt verlocken zum Bummeln, St. Peter-Ording mit seinem traumhaften Sandstrand zu Sportlichkeit. Und bei Westerhever ist Deutschlands berühmtester Leuchtturm zu besichtigen.

Hoch über den Wellen, aber noch unter den Wolken:
St. Peter-Ordings Strandbar „54 Nord"

Der Friedrichstädter Markt wird seit dem 17. Jahrhundert
von denselben Giebelfassaden gesäumt

In Friedrichstadt sind den
ganzen Sommer über Rosentage

Von der Großen Brücke über den Middelburggraben ergeben sich
idyllische Blicke in den „Malerwinkel" Friedrichstadts

Die Prinzenstraße ist als Fußgängerzone
heute Friedrichstadts Flanier- und Einkaufsmeile

In Friedrichstadt ist alles ein bisschen anders. Hier lassen die Halbstarken nicht den Motor ihres Mofas aufheulen, hier lassen sie den Diesel ihres kleinen Motorboots röhren, mit denen sie die Grachten der „Holländerstadt" unsicher machen. Technosound dröhnt backbord aus dem Ghettoblaster. Der Idylle des Renaissance-Städtchens zwischen Treene und Eider tut das allerdings keinen Abbruch.

Von jeher bestimmen Wasserwege das Stadtbild von Friedrichstadt.

Vielleicht stört die laute Musik der pubertierenden Krachmacher die Friedrichstädter auch deshalb nicht, weil Toleranz hier seit Jahrhunderten großgeschrieben wird. Freilich handelte es sich in der Vergangenheit eher um religiöse Duldsamkeit. Herzog Friedrich III. von Schleswig-Gottorf holte im 17. Jahrhundert die in den Niederlanden verfolgten protestantischen Remonstranten nach Nordfriesland. Allerdings nicht ohne Hintergedanken, der Regent hoffte, zugleich die internationalen Handelsbeziehungen der Einwanderer mit zu importieren und versprach sich dadurch wirtschaftlichen Aufschwung für die abgelegene Ecke seines Reiches. Nach und nach kamen immer mehr Menschen verschiedener Glaubensrichtungen in die Stadt. Noch heute sind in „Klein-Amsterdam" fünf Glaubensgemeinschaften aktiv: Mennoniten, Lutheraner, Katholiken, Quäker und Juden. Sie alle hinterließen sichtbare Spuren im pittoresken Stadtbild. Die Idee des Herzogs, Friedrichstadt zu einem bedeutenden Handelsstandort zu machen, hat sich letztendlich zwar nicht erfüllt. Doch ohne es zu beabsichtigen, brachte er vor mehr als 300 Jahren eines der schönsten touristischen Ziele in Schleswig-Holstein auf den Weg.

Der „Rote Haubarg" bei Witzwort ist heute gern besuchtes Café und Restaurant.

Haubarge sind riesige landwirtschaftliche Eiderstedter Zweckbauten, die alle Wirtschaftsbereiche unter einem Dach vereinen. Der „Rote Haubarg" stammt aus dem 17. Jahrhundert

Im Tetenbüller Haus Peters findet sich dieser alte Kaufmannsladen

Zu den gemütlichen kleinen Orten Eiderstedts gehört auch Witzwort.

Abseits der Strände ist die Halbinsel Eiderstedt ländlich geblieben.

Käse und Krabben

Auch Tönning hatte einmal weitaus größere Bedeutung als heute. Und auch hier spielten Einwanderer aus den Niederlanden eine Rolle. Nachdem sie die Käseproduktion im großen Stil eingeführt hatten, brummte der Export im Hafen an der Eidermündung. Die Tönninger kamen zu Wohlstand, was man heute noch an den stattlichen Bürgerhäusern am Markt und am Hafen ablesen kann. Und einst lagen hier auch die Kutter der Tönninger Krabbenfischerflotte zahlreich an der Mole – heute machen die wenigen verbliebenen am Eidersperrwerk fest.

Für Landratten bietet sich bei Ebbe ein merkwürdiges Bild im Tönninger Hafen. Der kleine Urlauber aus dem Rheinischen kann es nicht glauben, dass die Boote allesamt im Schlick liegen – nicht eine Handbreit Wasser unterm Kiel. „Papa", flüstert er, „die können mit ihren Schiffen ja gar nicht wegfahren." Der Herr Papa beginnt dem Filius etwas von Ebbe und Flut zu erklären, ehe er innehält und sich auf den Weg zum Eiderdeich ins „Multimar Wattforum" macht. Jährlich strömen mehr als 200 000 Besucher in die Ausstellungen, begeben sich auf die Reise vom Oberlauf eines Baches über das Watt bis in die Tiefen der offenen Nordsee.

Kuren und Kitesurfen

Rund 20 Kilometer westlich Tönnings liegt St. Peter-Ording, das größte Seebad an der schleswig-holsteinischen Nordseeküste. Bunte Drachen schweben am Himmel, ab und zu kracht einer der Kites mit Karacho in die Nordsee. Die Flugobjekte gehören zu den besten Kitesurfern der Welt, die sich während des Weltcups von der steifen Brise ziehen lassen und auf dem kabbeligen Wasser atemberaubende Kunststücke vollführen.

Die Gemeinde profitiert natürlich finanziell von solchen Events, vor allem aber ist es dem Image des Urlaubsortes zuträglich: Schließlich gilt „SPO" als die Hochburg für Sport and Fun. Allein 30 000 Besucher werden bei den Abschlusskonzerten des Kitesurf World Cups gezählt. „St. Peter-Ording setzt seit Jahren verstärkt auf jüngeres Publikum", erklärt Tourismus-Chef Werner Domann. Das Konzept geht auf, birgt jedoch auch Gefahren. „Die deutsche Meisterschaft im Kitesurfen haben wir rausgeschmissen, die Leute konnten sich nicht benehmen. Die wollten nur Party machen und saufen", so Domann weiter. Scherben am Strand, nächtliche Ruhestörungen und massive Eingriffe in die Natur des Nationalparks Wattenmeer waren die nicht mehr zu akzeptierenden Folgen.

Am Strand von St. Peter-Ording stehen
die Strandkörbe hochwassersicher

St. Peter-Ordings Strand säumt
eine ansehnliche Dünenlandschaft

Über zwölf Kilometer lang und bis zu zwei Kilometer breit –
wer sonst an der Nordsee kann da strandmäßig mithalten

Bei aller Fixierung auf ein sportlich-junges Publikum ist St. Peter-
Ording immer auch Familienbad geblieben

Doch St. Peter-Ording mit seinem kilometerlangen Sandstrand und den entlang der Küstenlinie verteilten Ortsteilen hat einen großen Vorteil: die Weitläufigkeit. Sollte man sich mal gegenseitig auf die Nerven gehen, kann man sich hier gut aus dem Weg gehen. Und so vertragen sich die Kurgäste fortgeschrittenen Alters, die St. Peter-Bad bevorzugen, die Familien in St. Peter-Böhl und die Partygänger zumeist recht gut.

Neben Surfbrettern und -kites bestimmen Bollerwagen und Badeenten das Strandbild St. Peter-Ordings.

Wie das Land …

Nordfriesen und Ostfriesen haben sich eine Weile gar nicht so gut verstanden. Die Friesen aus Schleswig-Holstein waren sogar ganz schön sauer auf die Ostfriesen, besser gesagt auf die Marketing-„Fuzzys" des Friesischen Brauhauses zu Jever. Hatten die doch für ihre berühmte Bier-Werbung den nordfriesischen Kult-Leuchtturm Westerheversand prominent ins Bild gesetzt. Und die Kampagne auch noch mit dem griffigen Slogan versehen: Wie das Land, so das Jever. Ein ziemlich schlechter Ostfriesenwitz, möchte man meinen. Als hätten sie jenseits von Elbe und Weser nicht selbst genug Leuchttürme herumstehen …

Allerdings, der rot-weiße Geselle, der nur ein paar Kilometer nördlich von St. Peter-Ording rund 40 Meter in den weiten Nordseehimmel ragt, ist nun mal ein echtes Prachtexemplar. Er ist von jeher der unumstrittene Postkarten-Star Eiderstedts. Seit 1906 erhebt er sich rund einen Kilometer außerhalb des Seedeichs, und bei entsprechend gutem Wetter ist

Beim Kite Surf World Cup bricht eine bunte junge Welt in St. Peter-Ording ein

Kitesurfen ist sehr akrobatisch.

Beim alljährlichen Drachenfest sind der Phantasie keine Grenzen gesetzt

Spaß muss sein – St. Peter-Ording will Jugend an seinem Strand.

Gäbe es noch keine Postkarten – für den Leuchtturm Westerhever
müssten sie erfunden werden

Ziel des Multimar Wattforums in Tönning ist, spielerisch-interaktiv die Wege des Wassers zu vermitteln

Das Bild alter Zeiten zeigt der Tönninger Hafen, heute von der Sportschifffahrt geschätzt

Eidersperrwerk

Special

Wider den „Blanken Hans"

....

Schön ist das Eidersperrwerk wahrlich nicht, doch es ist imposant – das größte Küstenschutzbauwerk Deutschlands. Vor allem ist es lebensrettend, wenn der „Blanke Hans" mal wieder wütet.

Mehr als 120 Deiche an der Nordseeküste waren während der großen Sturmflut 1962 gebrochen. Im Zuge des „Generalplans Küstenschutz" wurde auch das als Jahrhundertwerk gepriesene Eidersperrwerk bei Tönning errichtet. Umgerechnet knapp 90 Millionen Euro verschlangen die Bauarbeiten, die von 1967 bis zur Eröffnung im März 1973 andauerten. Das Sperrwerk mit seinen fünf jeweils 40 Meter breiten Toren hat weitgehend gehalten, was die Experten einst versprachen. Jahrhundertelang hatten die Menschen auf der Halbinsel Eiderstedt nasse Füße bekommen. Durch das Sperrwerk, das Fluten von sieben Meter über dem mittleren Tidenhochwasser abhält, ist

die Gefahr zumindest minimiert. Wenngleich schon in den 1980er-Jahren der erste Planungsfehler offenbar wurde. Durch den massiven Eingriff in die Natur hatten sich die Strömungsverhältnisse derart verändert und ein fast 30 Meter tiefes Loch in den Grund der Eider gefressen, das mit mehr als 20 000 Sandsäcken aufgefüllt werden musste.

sein Lichtstrahl noch auf Helgoland wahrzunehmen. Er wird von zwei identisch aussehenden kleinen Wärterhäuschen flankiert, die seit der Automatisierung des Turms als Naturschutzstation des Nationalparks Wattenmeer dienen.

Leeder vun Friesenhof

Mit 14 begann er, Posaune zu spielen, mit 15 war für Knut Kiesewetter Bühnenpremiere – auf einem Gymnasiums-Fasching in St. Peter. Kaum einer der Eiderstedter Backfische dürfte damals den Start zu einer Weltkarriere bemerkt haben.

Doch schon bald klopften die Produzenten bei dem talentierten Newcomer aus Garding an. Mit einer eher unbekannten Combo namens „The Beatles" trat er in Hamburg auf. Dann etablierte sich der in Stettin geborene, aber längst überzeugt eingenordete Friese in der internationalen Jazzszene, spielte mit Legenden wie Chet Baker und Dizzy Gillespie. Nach dem Umzug 1971 auf den Friesenhof bei Husum wurde aus dem Jazzer mehr und mehr ein Liedermacher. Kiesewetter sang auf Plattdeutsch und Friesisch, die Inhalte seiner Lieder waren aber alles andere als platt. Der engagierte Naturschützer hatte mit seinen „Leeder vun min Friesenhof" den größten Erfolg.

KRABBENFISCHEREI

Großer Ärger
um kleine Tiere

Die Krabbenfischer an der deutschen Nordseeküste klagen über die Regulierungswut der Behörden und sehen ihre Existenz durch ständig steigende Kosten bei gleichzeitig sinkenden Preisen für die Garnelen gefährdet.

Manfred Sörns aus Tönning ist Krabbenfischer in vierter Generation. Seit 1981 fährt er mit seiner „Poseidon" hinaus ins Wattenmeer. Inzwischen, sagt er, habe er nebenbei ein halbes Jurastudium absolviert: Um durchzublicken im Dschungel der Paragrafen, um für die Rechte der kleinen und unabhängigen Krabbenfischer zu kämpfen. „Unabhängig war mal. Heute wirst Du überwacht, dass dir die Luft wegbleibt", sagt Sörns grimmig.

Ihn nervt vor allem, dass die Amtsstubenhocker der Europäischen Union den Fischern von A bis Z vorschreiben wollen, wie sie ihren Job zu machen hätten. „Wenn es wirklich um den Umweltschutz gehen würde", sagt Sörns, „dann bin ich dabei. Wir Krabbenfischer leben doch mit und von der Natur und werden einen Deubel tun, sie zu gefährden", wettert er.

Die Kutterkapitäne müssen längst Logbuch führen und eine „Black Box" an Bord haben. Im Kampf gegen die Schwarzfischerei im quotierten Fischfang mag die Überwachung Sinn machen. „In der Krabbenfischerei gibt es keine Quote, das ist reine Schikane", knurrt Sörns. Hinzu kommen aus ihrer Sicht überzogene Sicherheits- und Hygienevorschriften. All das geht ins Geld. Und so haben viele der Fischer an der Küste Schleswig-Holsteins, in Büsum, Friedrichskoog oder Tönning, inzwischen aufgegeben.

Ihre bei den Genießern geschätzte rötliche Färbung und ihren typischen Geschmack erhalten die Nordseegarnelen dadurch, dass sie fangfrisch bereits an Bord in Meerwasser gekocht werden

Überproduktion und niedrige Preise

Die großen Fischerei-Gesellschaften sind vielfach auf Krabben umgestiegen. Überproduktion war die Folge, die Preise gingen massiv in den Keller. Die Krabbenfischer der Erzeugergenossenschaften einigten sich darauf, Fangzeiten- und Mengen zu reduzieren, um eine Preisregulierung nach oben zu erreichen. Die großen Betriebe hätten sich, so Sörns, „einen Dreck darum geschert". Ein Zertifikat des Marine Stewardship Council (MSC) soll für Klarheit sorgen. Ein erster Verstoß gegen die Auflagen wird mit Geldbußen geahndet, Wiederholungstätern droht der Lizenzentzug. „Eine nachhaltige und umweltverträgliche Fischereipraxis ist unabdingbar, um das einzigartige Ökosystem des Wattenmeers zu erhalten", sagt die MSC-Managerin Marnie Bammert. Unter anderem geht es auch darum, den Beifang in den Netzen weiter zu reduzieren. Damit kann Manfred Sörns gut leben. Mit der Regulierungswut praxisferner „Korinthenkacker" in den Behörden wird er sich dagegen nie abfinden können. Wenigstens scheinen die Krabbenbestände in der Nordsee unerschöpflich zu sein. „Es sah vor Jahren so aus, als würden sie rapide abnehmen. Aber bald danach konntest du die Garnele wieder mit der Pudelmütze fangen, so hatte sie sich vermehrt."

Den historischen Hafen laufen die Tönninger Fischer nur noch an, wenn der traditionelle Krabbenkutter-Korso ansteht. „Schade", sagt Manfred Sörns, „das wäre doch ein tolles Bild, wenn wir im alten Hafen löschen würden. Die Tourismus-Branche könnte sicherlich auch davon profitieren." Doch für eine Ansiedlung der Kutter im alten Tönninger Hafen fehlt das Geld. 2015 wurden in Friedrichskoog, einem weiteren traditionsreichen Krabbenfischereihafen, die Schotten dicht gemacht– aus Kostengründen. Einst boomte hier das Geschäft mit den Schalentieren, zuletzt wurden laut Behörde nur noch 100 Tonnen pro Jahr angelandet. Die Garnelen in der Nordsee mögen sich vermehren, das Geschäft für die Krabbenfischer wird trotzdem nicht einfacher.

Graugrün sehen sie aus, die Krabben, wenn sie aus den charakteristisch geformten Netzen der Krabbenkutter kommen (oben). Die Kutter besitzen seit Jahrzehnten ihre typische Form und sind noch weitgehend aus Holz – was einen entsprechenden Wartungsaufwand mit sich bringt (links)

Mehr als Meer

Eiderstedt ist eine norddeutsche Bilderbuchlandschaft. Schafe und schwarz-bunte Rinder tummeln sich in der sattgrünen Marsch. Wie hingekleckst wirken die Dörfer und Städtchen mit roten Backsteinkirchen – der alte Hafenort Tönning, das sportliche St. Peter-Ording mit weitem Sandstrand und Friedrichstadt mit holländischem Erbe.

❶ St. Peter-Ording

Das Nordseeheilbad (4000 Einw.) wuchert seit 1837 mit seinem scheinbar endlosen Sandstrand, auf dem die typischen Pfahlbauten stehen. Die erste von ihnen wurden bereits vor über 100 Jahren errichtet.

SEHENSWERT

Die um 1200 erbaute **St.-Peter-Kirche** birgt einen Schnitzaltar aus dem späten 15. Jh. und eine Renaissancekanzel (Olsdorfer Straße 19). Ein aus rotbraunen Ziegeln 1892 errichteter **Leuchtturm** ist Wahrzeichen des eher ländlichen Böhl. Das historische Zentrum von St. Peter-Dorf lockt mit netten reetgedeckten Häuschen und einer quirligen Einkaufs- und Gastro-Meile. St. Peter-Bad steht für Wellness, der Solequelle wegen darf sich Schleswig-Holsteins Urlaubsziel Nummer 1 an der Küste auch Nordseeheil- und Schwefelbad nennen.

MUSEEN

Mit ein wenig Glück lässt sich auch am hiesigen Strand das „Gold des Meeres" finden: Bernstein. Sicher fündig wird man im **Bernsteinmuseum** (St. Peter-Dorf, Dorfstraße 15, www.nordsee-bernsteinmuseum.de; Mitte März bis Okt. Mo.–Fr. 9.30–13.00 und 14.30–18.30, Sa. 9.30–13.00, So. 11.00–13.00, sonst kürzer). Das **Museum der Landschaft Eiderstedt** präsentiert Exponate aus der Geschichte der Halbinsel, die ältesten aus dem 14. Jh. (Olsdorfer Straße 6, www.museum-landschaft-eiderstedt.de; März bis Okt. Di.–Sa. 10.00–17.00, So. 10.00–13.00, sonst Di.–Sa. 14.00–17 .00, So. 10.00–13.00 Uhr).

HOTELS UND RESTAURANTS

Das Designhotel € € € € / € € **Strandgut Resort** mit dem empfehlenswerten Restaurant € € € / € € **Deichkind** liegt an der Strandpromenade (Am Kurbad 2, 25826 St. Peter-Ording, Tel. 04863 408 96 82 67, www.strandgut-resort.de). Das ehem Hotel Vier Jahreszeiten wurde komplett renoviert als € € € / € € **Aalernhüs** wiedereröffnet (Friedrich-Hebbel-Straße 2, 25826 St. Peter-Ording, Tel. 04863 70 10, www.aalernhüs.de). Das € € € / € € **Beach Motel** am Strand spricht junges Publikum und vor allem Surfer an (Am Deich 31, 25826 St. Peter-Ording, Tel. 04863 9 08 00, www.beachmotel.de). Aus dem Café Rasmus wurde das € € € € / € € € **Café & Restaurant Strand No. 1** (Strandpro-

Endlos scheint der Weg zum Wasser: St. Peter-Ording (links). in jedem Fall schnell geht es mit Strandseglern (rechts)

menade 1, Tel. 04863 47 86 67, www.strand-no1.de). Ansonsten ist es geradezu Pflicht, in einem der **Pfahlbauten** (€ € € / €) am Strand einzukehren.

VERANSTALTUNGEN

Im Juli geben sich die besten **Kitesurfer** der Welt beim Worldcup ein Stelldichein (www.kitesurfworldcup.de), ebenfalls im Hochsommer versammeln sich die **Triathleten** in SPO (www.gegendenwind.com), die deutsche Elite der **Beachvolleyballer** pritscht und baggert bei der Smart Beach Tour um die Wette (www.smart-beach-tour.de). Im Rahmen des **Drachenfests** werden die deutschen Meisterschaften im Lenkdrachenfliegen ausgetragen.

KINDER

Im **Westküstenpark & Robbarium** gibt es Seehunde und andere Tiere zu sehen (Wohldweg 6, Tel. 04863 30 44, www.westkuestenpark.de; April–Okt. tgl. 9.30–18.00/19.00, sonst tgl. 10.30–18.00 Uhr).

AKTIVITÄTEN

In der **Dünen-Therme** mit Saunalandschaft kann man auch bei „Schietwetter" in die Brandung (St. Peter-Bad, Tel. 04863 99 91 61; April–Okt. Mo.–Fr. 9.30–22.00, So. 10.00–19.00, sonst Mo.–Fr. 14.00–22.00, Sa. 10.00–22.00, So. 10.00–19.00 Uhr). SPO ist die **Sporthochburg** TOPZIEL an der Nordseeküste: Kitebuggyfahren, Strandsegeln und Kitesurfen (Kitebuggyfahrschule St. Peter-Ording, Böhler Landstraße 23, www.buggyfahrschule.de; Kite-Power- Shop, Am Deich 21, www.kite-power-shop.de).

UMGEBUNG

Der 1906 erbaute **Leuchtturm Westheversand** TOPZIEL ist das Wahrzeichen der Halbinsel Eiderstedt. Der 40 m hohe Turm auf einer Warft vor dem Seedeich ist in etwa 45-Fuß-Minuten erreicht (Tel. 04865 12 06, www.westerhever-nordsee.de; Besichtigung nur mit Führung Mo., Mi. und Sa. 10.00–16.00 Uhr, keine Kinder unter 8 Jahren). Heiratswillige können sich auf dem Leuchtturm trauen lassen (Informationen beim Standesamt Eiderstedt, Tel. 04862 10 00 38).

INFORMATION

Tourismus-Zentrale, Maleens Knoll 2, 25826 St. Peter-Ording, Tel. 04863 99 90, www.st.peter-ording-nordsee.de

② Garding

Die beschauliche Kleinstadt (2700 Einw.), Geburtsstadt des Historikers Theodor Mommsen (1817–1903), wurde 1187 erwähnt und besitzt wie Tönning seit 1590 Stadtrecht. Jahrhunderte besaß Garding einen Hafen und betrieb, über einen Kanal namens Süderbootfahrt mit der Nordsee verbunden, Handelsbeziehungen zu England. 1912 wurde der Hafen zugeschüttet.

SEHENSWERT
Die kopfsteingepflasterten Straßen der Altstadt laufen sternförmig auf die **St.-Christian-Kirche** (12. Jh.) zu, die den ältesten Orgelprospekt Norddeutschlands beherbergt.

MUSEEN
Neben dem Geburtshaus **Theodor Mommsens** haben die Gardinger ihrem berühmten Sohn eine Gedächtnisstätte errichtet (Markt, Tel. 04862 10 03 10; Juni–Aug. Di.–Fr. 8.30 bis 11.30, sonst Di.–Fr. 15.00–17.00 Uhr).

UMGEBUNG
Nordöstl. liegt das kleine und idyllische **Tetenbüll** mit einem alten Kolonialwarenladen im Haus Peters. Milch, Butter und Käse gibt es hier heute nicht mehr, dafür die Originaleinrichtung von 1820 und Wechselausstellungen zur Kulturgeschichte der Region (Dörpstraat 16, Tel. 04862 681, www.hauspeters.info; Juni bis Sept. Di.–So. 11.00–18.00 Uhr, sonst kürzer).

INFORMATION
Tourismus-Zentrale Eiderstedt, Markt 26, 25836 Garding, Tel. 04862 469, www.tz-eiderstedt.de

---

Tipp

Blick über den Zaun

Der Blick hinter die Kulissen heißt auf der Halbinsel Eiderstedt „Blick über den Zaun". Dabei öffnen sich viele Türen, die dem „normalen" Touristen sonst eher verschlossen bleiben. Unter fachkundiger Führung darf man bei der rund vierstündigen Tour den Landfrauen in die Töpfe gucken, dem Bauern beim Melken auf die Finger schauen und Eiderstedter Künstler bei der Arbeit in ihren Ateliers beobachten. Abgerundet wird das Programm durch ein gemütliches Kaffeetrinken.

INFORMATION
Ausgangspunkt der Bustouren ist von Juni bis Aug. um 14.00 Uhr der Hafenplatz von Garding. Informationen und Reservierung (erforderlich) bei der Tourismus-Zentrale Eiderstedt, Markt 26, Garding, Tel. 04862 469

Zu den Friedrichstädter Festtagen Ende Juli gehört der Lampionkorso durch die Grachten (links). Faszinierendes im Multimar Wattforum (rechts oben). Tönnings Hafen (rechts unten)

③ Tönning

Einst wichtiger Handelshafen, setzt Tönning (5000 Einw.) inzwischen fast komplett auf den Tourismus. Beschaulich geht es am historischen Hafen zu, der bereits im frühen 17. Jh. angelegt wurde. Erstmals erwähnt wurde der Ort 1187, Stadtrecht bekam Tönning 1590.

SEHENSWERT
Publikumsmagnet ist das **Multimar Wattforum** TOPZIEL. Hier werden Besuchern auf interessante und spielerische Weise die Geheimnisse des Wattenmeeres präsentiert. In Aquarien tummeln sich die verschiedensten Meeresbewohner, manchen zum Anfassen; einige Becken dienen als Aufzuchtstation. Höhepunkt des Wattforums ist das Walhaus, in dem u. a. ein knapp 18 m langer, 1997 vor der dänischen Küste gestrandeter Pottwal zu besichtigen ist (Dithmarscher Straße 6a, www. multimar-wattforum.de; April–Okt. tgl. 9.00 bis 18.00, sonst tgl. 10.00–17.00 Uhr). Die im 12. Jh. geweihte **St.-Laurentius-Kirche** am Marktplatz mit seinen hübschen Bürgerhäusern besitzt mit ihrem barocken Turm einen der höchsten Schleswig-Holsteins. Schmuckstück des Hafens ist das dreigeschossige **Packhaus** von 1783 (Museum). Direkt am Hafen kann man sich im Laden der **Alten Fischereigenossenschaft** Fischbrötchen „auf die Hand" schmecken lassen (Am Eiderdeich 12, www.krabbenund fisch.de).

MUSEUM
Das historische Packhaus beherbergt die **stadtgeschichtliche Sammlung** (www.pack haus-toenning.de; Mai–Sept. Mi.–So. 14.30 bis 17.00 Uhr) und bietet Raum für allerlei Veranstaltungen. Unter fachkundiger Anleitung kann man sich im Krabbenpulen versuchen.

HOTEL & RESTAURANTS
Das € € **Hotel Miramar** war erstes Hotel/Restaurant mit Bio-Zertifizierung in Schleswig-Holstein (Westerstraße 21, www.biohotel-miramar.de). Exquisite Schollen serviert das Restaurant € € **Sommercafé** am Schwimmbad (Strandweg 3, Tel. 04 86 1 56 33).

VERANSTALTUNG
Im Juli steigt das **Fischerfest** mit dem Korso der Krabbenkutter und Live-Konzerten.

UMGEBUNG
Das **Eidersperrwerk** (1967–1973) schützt die Halbinsel Eiderstedt (s. auch Seite 89). Im **Katinger Watt,** seinerzeit komplett eingedeicht und trockengelegt, entstand nach und nach ein Vogelparadies. Im Lisa-Hähnle-Haus des NABU kann man sich über die Besonderheit der neuen Naturlandschaft informieren, und es werden Führungen durch das Naturschutzgebiet angeboten (Naturzentrum Katinger Watt, Katingsiel 14, Tönning, Tel. 04862 80 04).

INFORMATION
Tourist- und Freizeitbetriebe Tönning, Am Markt 1, 25832 Tönning, Tel. 0486 1 61 42 0, www.toenning.de

④ Friedrichstadt

Ein zauberhaftes Stück Holland in Nordfriesland – ab 1621 siedelten holländische Einwanderer zwischen Eider und Treene. Ihre Heimat mussten die sogenannten Remonstranten (Anhänger einer besonderen Form des Protestantismus) aus Glaubensgründen verlassen. Herzog Friedrich III. gewährte ihnen Religionsfreiheit und versprach sich wirtschaftlichen Aufschwung durch die Ansiedlung der fleißigen und findigen Neubürger.

SEHENSWERT
Die „Holländerstadt" TOPZIEL mit ihren Grachten und kleinen Sträßchen ist eine Art Gesamtkunstwerk. Zentrum ist der **Marktplatz** mit seinen historischen Treppengiebelhäusern und dem 1879 errichteten **Marktbrunnen.** Sehenswert ist u. a. das 1637 erbaute **Paludanushaus** in der Prinzenstraße, heute Sitz der dänischen Minderheit (Südschleswigscher Verein) in Schleswig-Holstein. Die schlichte **Remon-**

strantenkirche aus dem 19. Jh. kann nur bei Führungen besichtigt werden (Anmeldung über den Tourismusverein).

MUSEUM

Das **Museum „Alte Münze"** präsentiert in einem Renaissancebau von 1626 die Geschichte der Stadt und die der zahlreichen Religionsgemeinschaften, die sich in Friedrichstadt niederließen (Am Mittelburgwall 23, www.museum-friedrichstadt.de; Juni–Sept. Di.–So. 11.00–17.00 Uhr, April, Mai und Okt. kürzer).

AKTIVITÄTEN

Von April bis Okt. kann man sich gemütlich über die **Friedrichstädter Grachten** schippern lassen (Friedrichstädter Grachten- und Treeneschifffahrt Günther Schröder, Am Markt 17, Tel. 04881 87 63 95, www.grachten schiffahrt.de; Friedrichstädter Grachtenschifffahrt, Max E. Prinz, Prinzenstraße 33, Tel. 04881 15 72, www.grachtenfahrt.de). Wer sich aktiv auf dem Wasser bewegen will, findet ein traumhaftes Paddelrevier vor (u.a. www.nord-kanu.de, www.kanutours-sh.de, www.kanudoms.de, www.kanu-treene.de). Kinder und Junggebliebene können am Rand der Altstadt eine liebevoll gestaltete **Modelleisenbahn** bewundern (Brückenstraße 18, Tel. 04881 93 88 58, www.modellbahn-zauber.de; Ende März–Okt. tgl. 11.00–18.00 Uhr).

VERANSTALTUNGEN

Am ersten Juliwochenende erblüht die Stadt bei den **Friedrichstädter Rosenträumen.** Höhepunkt der **Friedrichstädter Festwochen** ist der abendliche Lampionkorso auf den Grachten. Dort rudern Mitte Juli verschiedene Teams beim **Drachenbootfestival** um die Wette.

HOTEL UND RESTAURANT

Das € € € / € **Aquarium** liegt an einer der Grachten (Am Mittelburgwall 2–8, 25840 Friedrichstadt, Tel. 04881 93 05 0, www.hotel-friedrichstadt.de).
In einem der ältesten Häuser der Stadt bietet die € € € / € € **Holländische Stube** lokale Gerichte an; vom Gartencafé aus geht der Blick über die Gracht hinüber zum Marktplatz (Am Mittelburgwall 24, www.hollaendischestube.de).

UMGEBUNG

Der **Rote Haubarg** beherbergt ein Restaurant und ein kleines Museum zur bäuerlichen Vergangenheit auf Eiderstedt (Sand 5, Witzwort, www.roterhaubarg.de). 15 km östl. von Friedrichstadt liegt das idyllische Storchendorf **Bergenhusen,** wo man von Mai bis Aug. beobachten kann, wie ein gutes Dutzend Storchenpaare Nachwuchs aufzieht (Infos und Führungen organisiert der NABU, Tel. 04885 570).

INFORMATION

Tourismusverein Friedrichstadt und Umgebung, Am Markt 9, 25840 Friedrichstadt, Tel. 04881 93 93 0, www.friedrichstadt.de

Genießen   Erleben   Erfahren

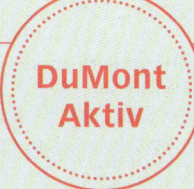

DuMont Aktiv

Bei den Drachenreitern

St. Peter-Ording ist die Hochburg der Kitebuggyfahrer in Deutschland. Die Strandpiloten auf drei Rädern finden am weitläufigen Sandstrand ein ideales Revier vor, zumal hier fast immer eine frische Brise weht.

Wenn der Kitebuggyfahrer morgens aufwacht, dann geht er nicht zuerst Zähne putzen. Er schaut sich als Erstes den Wetterbericht an. Da unterscheidet er sich nicht groß vom Segler oder vom Windsurfer. Vier Windstärken sollten es schon sein. Allerdings muss der Kitebuggyfahrer nicht hinaus aufs Wasser, sein Revier ist der flache Strand.

Die Geburtsstunde des Kitebuggyfahrens schlug in den späten 1980er-Jahren in Neuseeland, ein paar Jahre später bretterten die Ersten in Deutschland über den Ordinger Strand. Könner erreichen Geschwindigkeiten bis zu 100 km/h. Gesteuert werden die Buggys mit den Füßen, mit dem „Mors" sitzt man nur ein paar Zentimeter über dem Boden – wenn man dazu kommt. Vorher gilt es nämlich, bei „Trockenübungen" den Drachen optimal im Wind zu platzieren. Ein teuflischer Muskelkater in den Armen ist programmiert. Oder seelische Pein, denn bei Einsteigern kracht der Drachen nicht selten wie vom Blitz getroffen auf den Strand, wenn er das enge Windfenster verlässt. Die Kunst ist es, gleichzeitig den Drachen im Auge zu behalten, richtig zu positionieren und das Gefährt zu steuern. Anfänger schaffen das zumeist nur in eine Richtung – den Weg zurück nennt man spöttisch „Walk of Shame". Doch bereits nach zwei Tagen Intensiv-Kurs erhalten die meisten Teilnehmer die notwendige Lizenz.

Weitere Informationen

Ein vierstündiger Schnupperkurs kostet bei der Kitebuggyfahrschule St. Peter-Ording (Böhler Landstraße 23, 25826 St. Peter-Ording, Tel. 0170 383 27 48, www.buggyfahrschule) 89 €, ein zweitägiger Einsteigerkurs 189 € (Lizenz weitere 30 €).

Voraussetzung für das freie Fahren ist eine Lizenz sowie der Nachweis der Mitgliedschaft in einem international anerkannten Verein bzw. Verband (u. a. German Parakart Association, www.gpa.de).

Maritimes in Bauernhand

Dithmarschen und die Wilstermarsch sind rekordverdächtig. Mit dem Nord-Ostsee-Kanal zieht sich die meistbefahrene Wasserstraße der Welt wie ein blaues Band durch das Bauernland zwischen Elbe und Eider. Die Dithmarscher sind zudem „Europameister" im Kohlanbau, und der Hauptort Heide besitzt den größten Marktplatz Deutschlands. Bei Neuendorf in der Wilstermarsch befindet sich die tiefste Landstelle der Republik, und vor der Küste liegt mit Helgoland die einzige Hochseeinsel Deutschlands.

Das einstige Zentrum der schleswig-holsteinischen Krabbenfischerei ist heute in erster Linie Museumshafen für Touristen: Büsum

In Friedrichskoog werden Seehundjunge für eine spätere Wiederauswilderung aufgepäppelt; Attraktion ist die Fütterung der Dauerbewohner, die es in freier Wildbahn nicht mehr allein schaffen (oben links). Der Friedrichskooger „Wal Willi" beherbergt einen riesigen Familien-Indoorspielpark mit jeder Menge Attraktionen (oben rechts).An Büsums Promenade liegt der grüne Strand (unten links), am Museumshafen die Filiale von Gosch (unten rechts)

Brunsbüttel als Ferienparadies zu bezeichnen wäre in ungefähr so, als würde man von Dithmarschen als einer hochalpinen Landschaft reden. Urlaub im Schatten eines zwar mittlerweile stillgelegten Atomkraftmeilers, zwischen Ölhäfen und Chemiewerken – das ist nicht jedermanns Sache, trotz eines hübschen Ortskerns. Brunsbüttel selbst hatte kaum eine andere Wahl, spätestens seit der Eröffnung des Nord-Ostsee-Kanals im Jahr 1895. Man könnte sogar behaupten, Brunsbüttel sei noch glimpflich davongekommen. Denn be-

Der Dithmarscher Küstenstreifen hat es touristisch schwerer, auch wenn er von Stammgästen und Familien geschätzt wird.

reits im Zuge des Kanalbaus hatte sich der Größenwahn breitgemacht. Pläne für eine Großstadt mit mehr als 100 000 Einwohnern lagen schon in den Schubladen, noch gigantischere Industrieanlagen sollten dort entstehen, wo sich die Schleusentore zur meistbefahrenen Wasserstraße der Welt öffnen. Es blieb bei der Planung. Die Einfahrt zum Kanal ist zweifelsohne Hauptattraktion des Ortes. Der Faszination der vielen großen Pötte kann man sich nur schwer entziehen.

„Zukunft Ahoi"
Die Brunsbütteler gehen selbstbewusst damit um, dass sie nicht gerade die Idylle pur vor der Haustür haben. Und sie wissen, dass sie sich ein wenig mehr anstrengen müssen als diejenigen, die mit pittoresken Friesenhäusern und malerischen Gassen werben können. Brunsbüttel ist ständig dabei, sich neu zu erfinden. In Planung beziehungsweise im Bau ist derzeit die sogenannte

Repräsentanten wohlhabender Bürgerlichkeit säumen den Heider Marktplatz (oben). Wenn auch „Dom" genannt, war die Meldorfer St.-Johannis-Kirche nie Bischofskirche; ihren kunsthistorischen Ruf verdankt sie den mittelalterlichen Gewölbemalereien (unten links und rechts)

Anlässlich des Heider Marktfriedens wird eine Bauernhochzeit gefeiert,
traditionell in plattdeutscher Sprache – ein überaus begehrter Termin

Heide ist zwar die „Hauptstadt" der Region, kulturelles Zentrum Dithmarschens aber ist Meldorf.

Schleusenmeile. Bereits fertiggestellt sind der maritime Erlebnisspielplatz Spieldeck und das Schleusenradar, das über den Schiffsverkehr in den Schleusen, auf dem NOK und der Elbe informiert. Unter dem Motto „Zukunft ahoi" wollen die Touristiker und Stadtväter das zweifellos vorhandene maritime Profil des Ortes schärfen. Ein paar sommerliche Tage lang haben sie allerdings nicht viel zu melden, dann regiert der „Wattikan" in Brunsbüttel. Er zeichnet verantwortlich für Planung und Ausrichtung der Wattolümpiade, einer skurrilen Schlammschlacht im Elbschlick. Die „Wattleten" messen sich in ganz banalen Sportarten wie Fußball („Das Dreckige

muss ins Eckige!"), aber auch im diffizilen Aalstaffellauf durchs Watt, der es immerhin einmal bis in die Sportnachrichten des US-amerikanischen Fernsehsenders CNN geschafft hat.

Ein wirklicher „Megamarkt"

Ein ganzes Stück weiter weg von der Elbmündung hält ein Provinzstädtchen im Herzen Dithmarschens einen ganz besonderen Rekord. Heide besitzt den größten unbebauten Marktplatz Deutschlands. Neudeutsch würde man so etwas wohl „Megamarkt" nennen. Fast fünf Hektar umfasst das Areal, das ergibt die Fläche von ungefähr zehn Fußballfeldern. Unter der Woche wird

Der Nord-Ostsee-Kanal ist die weltweit am stärksten befahrene Wasserstraße – allerdings ist seine Bedeutung gefährdet, da der Kanal zu flach ist für die Frachter der Zukunft und seine Brücken, wie die Eisenbahnbrücke von Hochdonn, zu niedrig sind

Wind und Wasser haben die Wilstermarsch geprägt. Nur mithilfe der Schöpfmühlen konnten die tief gelegenen Marschen entwässert werden. Die Schöpfmühle Honigfleth in Stördorf östlich Wilster ist betriebsbereit und damit die letzte von einstmals 350.

Mühsam bahnen sich die Kanalfähren
von Brunsbüttel ihren Weg

Die Kreuzblütler bestimmen das Dithmarscher Wirtschaftsleben: Kohlernte ist
noch auch Handarbeit, da sich die Köpfe sehr druckempfindlich zeigen

Festival Wacken **Special**

Harte Klänge

Während man von den Ortschaften rund herum vermutlich noch nie etwas gehört hat, ist Wacken mittlerweile das wohl bekannteste Kuhdorf der Welt.
Mehr als 360 Tage geht es hier beschaulich zu, mit Maifeuer und Laternelaufen. Im August ändert sich das schlagartig, denn in Wacken beginnt das größte Heavy-Metal-Open-Air-Festival in Europa mit mehr als 80 000 Hardrockfans. Hämmerndes Schlagzeug, wummernde Bässe, kreischende Gitarren stören die ländliche Idylle? Nein, sie stören sie eben nicht. Zu Zwischenfällen ist es in all den Jahren kaum gekommen. Und eröffnet wird das Festival nicht etwa von „Metallica" oder „Motörhead", sondern von den Mitgliedern der Freiwilligen Feuerwehr Wackens – allerdings als „Wacken Firefighters".

der Heider Marktplatz schnöde als Parkmöglichkeit genutzt, ab und an finden Konzerte statt. Jeden Samstag ist Wochenmarkt – und das schon seit über 500 Jahren. Alle zwei Jahre im Juli verwandelt sich die Freifläche in den „Heider Marktfrieden", ein historisches Fest, das daran erinnert, dass hier anno 1447 „uppe de Heyde" das erste Dithmarscher Landesrecht verkündet wurde und der sogenannte „Marktfrieden" beschlossen wurde. Eine Vereinbarung, die auf gegenseitigem Respekt und Schutz vor Wegelagerern und sonstigen feindlichen Übergriffen beruhte.

Dem Adel erteilten die freiheitsliebenden und störrischen „Bauerslüt" aus Dithmarschen eine klare Absage, sie probten bereits im Mittelalter so etwas wie Demokratie – und das sollte man doch mindestens alle zwei Jahre feiern. 1559 allerdings war es vorbei mit den selbst verwalteten Friedenszeiten: Die Truppen des dänisch-schleswig-holsteinischen Adelsheeres legten die Stadt und damit den Dorn im fürstlichen Auge in der „Letzten Fehde" in Schutt und Asche.

„Kohlossale" Angelegenheit
Daran, dass der Kohl auf Dithmarschens nährstoffreichen Böden besonders gut gedeiht, dachten die tapferen Bauern im

Mittelalter noch nicht. Erst Ende des 19. Jahrhunderts kam der Gärtner Eduard Laß auf die Idee, es mit dem Kohlanbau im größeren Stil zu versuchen. Der ehrgeizige Pionier begann auf einer Fläche von 50 Hektar – und siehe da: Es funktionierte. Laß war bald ein gemachter Mann und Dithmarschen das größte zusammenhängende Kohlanbaugebiet Europas.

Waren Anbau und Ernte zu Zeiten von Eduard Laß noch mühsame Handarbeit, so haben die findigen Dithmarscher Bauern längst die Kohl-Erntemaschine mit selbst fahrendem Trecker und Laufband erfunden. Das macht Sinn bei rund 80 Millionen Kohlköpfen, die jährlich geerntet werden wollen. Und weil sie so stolz auf ihr Gemüse sind, haben sie in Dithmarschen sogar eine Deutsche Kohlstraße eingerichtet. Ziemlich „kohlossal", was man rechts und links der Straße so erleben kann. Zum Beispiel einen Kohlkuchen mit Karamellcreme essen, sich mit einer Hautsalbe aus Weißkohl einreiben oder in der Büsumer Sauna bei einem Kohlaufguss ins Schwitzen kommen.

Matjes statt Metropole
Welch ein Glück, dass die Glückstädter bei ihren Matjestagen im Juni nicht auf eine ähnliche Idee gekommen sind ...

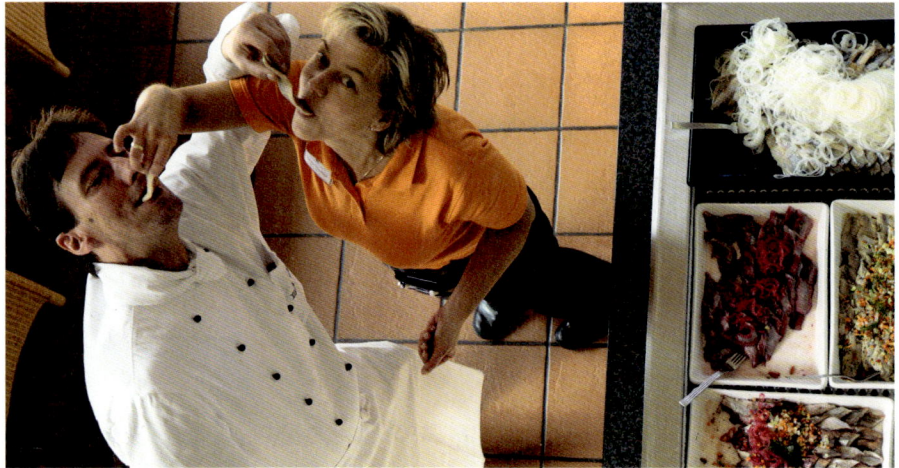

Am Reißbrett im Stil einer Renaissance-Idealstadt geplant, breitet sich Glückstadt sternförmig um seinen zentralen Marktplatz aus

Zum Spaß überkreuz: Auch im „Kandelaber" wird der Matjes traditionsgemäß in einem Stück heruntergeschluckt – für Zugereiste gibt es allerdings auch andere Servierformen

Auch den Markt von Wilster säumen gastliche Stätten. Den Binnenhafen
„Happytowns" schätzen die Segler des Elberaums

Matjes ist Glückstadts Pfund. Ihn einfach so aus der Hand zu essen, ist hier kein Stilbruch!

Auf die Idee, zwischen Hamburg und der Elbmündung eine Stadt zu gründen, war der dänische König Christian IV. – im Nebenberuf Herzog von Holstein und Schleswig – Anfang des 17. Jahrhunderts gekommen. Eine strategisch günstige Lage, von der sich der Monarch wirtschaftlichen Aufschwung für sein Reich versprach. Der „Boom" Hamburgs als Seehandelsstandort war ihm geradezu zuwider. Am 22. März 1617 schließlich verlieh Christian IV. dem Projekt das Stadtrecht. Die Glücksgöttin Fortuna schmückte das Stadtwappen, und als Motto galt fortan: „Dat schall glücken un dat mutt glücken, und denn schall se ok Glückstadt heten."

Allein – es blieb bei dem Plan: Als Handelsstandort konnte das kleine Städtchen Hamburg nie wirklich Konkurrenz machen. Als Matjeshochburg an der Elbe schon. Waren die Glückstädter Seeleute ab dem späten 17. Jahrhundert noch auf Walfang gegangen, konzentrierten sie sich Ende des 19. Jahrhunderts auf kleinere Fische – Heringe. So lecker die in Salzlake gereiften Fische auch sein mögen, sie werden längst nicht mehr von den hiesigen Fischern gefangen. 1976 lief der letzte Heringslogger von Glückstadt aus. Das hält die Glückstädter nicht ab, sie auf für Uneingeweihte exotisch erscheinende Weise zu genießen.

Es bleibt, wie es ist

Entstanden ist Helgoland vor rund 250 Millionen Jahren. Seitdem hat die Nordseeinsel vielfach ihr Gesicht verändert. Am gravierendsten durch eine Sturmflut zu Beginn des 18. Jahrhunderts. Damals wurde die heutige Badeinsel, die „Düne", von der Hauptinsel abgetrennt. Zwei Jahre nach dem Ende des Zweiten Weltkriegs brachten die Engländer 6700 Tonnen Sprengstoff an, um sämtliche militärischen Einrichtungen auf der Insel zu zerstören. Helgoland wankte in den Grundfesten, blieb aber bestehen. Im Frühjahr 2008 wurden Pläne bekannt, die Insel zu erweitern. Das Vorhaben wurde abgelehnt, und auch die Inselbewohner stimmten mehrheitlich dagegen.

Arne Weber ist kein gebürtiger Helgoländer. Aber da sowohl sein Vater als auch sein Großvater Helgoländerinnen geheiratet hatten, „butscherte" Weber bereits als Kind häufig über die Insel, war quasi per Du mit Seehunden, Möwen und Trottellummen. Sein Plan war für ihn also nicht nur eine schnöde Investition, sondern auch Herzensangelegenheit. Über Jahre hat er mitverfolgen müssen, wie immer weniger Gäste kamen. Inzwischen sind es nur noch etwas mehr als 300 000 Besucher pro Jahr. Das Image eines „Fuselfelsens" – wegen der zollfreien Einkaufsmöglichkeiten – klebt an Helgoland wie Pfefferminzlikör.

Arne Weber meinte es ernst mit seinen kühnen Plänen der Wiedervereinigung. Er hatte schon in der Planungsphase die Technische Universität in Hamburg-Harburg mit der Erstellung einer Machbarkeitsstudie beauftragt und die Forscher des international renommierten Alfred-Wegener-Instituts mit ins Boot geholt. Sein Masterplan sah vor, eine rund einen Kilometer lange Spundwand zwischen der seit rund 300 Jahren getrennten Düne und der Hauptinsel zu errichten. Die Stahlbetonkonstruktion sollte im Felssockel der Insel verankert und anschließend die bis zu sieben Meter tiefe Meeresenge mit ungefähr zehn Millionen Kubikmeter Sand aufgefüllt werden – an Sand sei rund um Helgoland schließlich kein Mangel. „Es ist absolut machbar. Aus meiner Sicht ist die Anbindung eine existenzielle Frage", sagte Weber, der die Kosten für die Inselzusammenführung zunächst auf rund 80 Millionen Euro taxierte. Auf dem rund hundert Hektar großen neuen Areal hätten nach seinen Vorstellungen sowohl Wohnungen als auch Hotels samt Golfplatz entstehen sollen. Zudem war geplant, die Landebahn des Inselflughafens zu verlängern und einen Anleger für die großen Schiffe zu bauen. Investoren hätten quasi vom ersten Tag an Schlange gestanden.

Im Masterplan war außerdem von Windenergieanlagen, einem Gezeitenkraftwerk und einer Fotovoltaik-Anlage die Rede. „Helgoland soll eine kohlendioxidfreie Insel werden. Den Umweltschutz wollen wir bei diesem Projekt ganz klar mit einbeziehen."

Vom Helgoländer Oberland ist die Meerenge zwischen Hauptinsel und Düne gut zu überblicken

Einst Werkstatt und Speicher: Hummerbuden (oben). Strandparadies Düne (unten)

Fakten & Informationen

. . . .

Deutschlands einzige, etwa 2 km² große Hochseeinsel war
wohl schon vor der Zeitenwende besiedelt und bis vor etwa
1300 Jahren eine Kultstätte der Friesen. Bis ins 15. Jh. diente
sie Seeräubern als Zuflucht; erst als Klaus Störtebeker und
Gödeke Michels überwältigt werden konnten, hatte dies ein
Ende. 1841 schrieb der Dichter August Heinrich Hoffmann von
Fallersleben hier den Text der deutschen Nationalhymne.

Information

Helgoland Touristik, Rathaus, Lung Wai 28,
27498 Helgoland, Tel. 04725 20 67 99, www.helgoland.de

Denn mit der Erweiterung Helgolands
vergrößere sich auch das Naturschutzgebiet – eine grüne Vision und zugleich ein cleverer Schachzug, nahm
der Unternehmer so doch den Um-
weltschützern gleich ein wenig den
Wind aus den Segeln.

Um wessen Chancen geht es?

Arne Weber setzte von Beginn an auf
den Dialog mit den Bewohnern und
erklärte: „Ohne ihr Einverständnis
funktioniert es nicht. Wir müssen die
Menschen davon überzeugen, dass
dies die Chance ihres Lebens ist und
wir gemeinsam mit ihnen daran
arbeiten wollen." Die Mehrheit der
jungen Insulaner, die noch nicht aufs
Festland ausgewandert waren, signa-
lisierte durchaus Interesse. Sie sahen
in Webers Plänen eine Chance, auch
in Zukunft ihre Existenz auf ihrer
Heimatinsel sichern zu können. Ins-
gesamt jedoch gaben sich die Helgoländer eher zugeknöpft. Deutlich mehr
als die Hälfte der Inselbewohner
sprach sich gegen das Projekt aus.
Konservativ, wie Küstenbewohner
gern sind, war es ihnen suspekt. Und
auch Stammgäste der Insel befürch-
teten, die Maßnahmen könnten den
besonderen Charme des Eilands
nachhaltig negativ verändern.

„Das Thema geht alle an, nicht nur
die paar Gemeindevertreter", machte
Tourismus-Chef Klaus Furtmeier klar,
der sich durchaus für die Pläne er-
wärmen konnte. Doch bereits 2010
lehnte die zuständige Lenkungs-
gruppe unter Vorsitz des für Helgoland zuständigen Pinneberger Land-
rats das Projekt ab. Webers Masterplan entspreche „nicht dem Charakter
der Insel". 2011 stimmten dann auch
die Bewohner Helgolands mit 583 zu
482 Stimmen in einem Bürgerent-
scheid gegen die Inselerweiterung.
Man entschied sich für eine „kleine
Lösung" mit abgespeckter Landge-
winnung und Erweiterung und Neu-
gestaltung der vorhandenen Landungs-
brücke.

Arne Weber war schwer ent-
täuscht. Er empfand die Entscheidung
als kleinkariert. „Helgoland verschläft

Der Leuchtturm steht auf dem Helgoländer Oberland (oben). Helgoland ist nicht nur ein „Fuselfelsen", sondern auch ein Naturrefugium seltener Güte (Mitte und unten).

für die Insel interessieren will, zählt die Modernisierung des Binnenhafens, aber auch ein Wassersport-Zentrum auf der Düne. Zudem sollen die Verkehrsverbindungen optimiert werden, damit Tagesgäste länger auf der Insel verweilen können.

Was wird aus der „Anna"?

Von jeher gehört die „Lange Anna" zu Helgolands Charakter – da sind sich alle einig. Schon von Weitem ist sie zu sehen, die knapp 50 Meter in den Himmel aufragende Felsnadel aus Buntsandstein. Bis Mitte des 19. Jahrhunderts war Helgolands Wahrzeichen durch eine Felsbrücke mit der Hauptinsel verbunden, bis eine Sturmflut sozusagen für ihr Alleinstellungsmerkmal sorgte.

So weit, so gut, aber wie kam die „Lange Anna" eigentlich zu ihrem Namen? Ursprünglich wurde der Felsen als „Hengst" oder „Mönch" bezeichnet. Der Legende nach befand sich unweit des Felsens ein beliebtes Lokal, in dem eine langbeinige Schönheit servierte. Als die Kneipe geschlossen wurde, ging auch die Kellnerin. Die Helgoländer aber feierten weiter auf dem Oberland in der Nähe des Felsens, man trank ordentlich und stieß auf Anna an. Denn so hieß die bildschöne Kellnerin. Bald schon hatte sich der Name eingebürgert. Ging man hinauf zum Felsen, ging man zur „Langen Anna".

Doch inzwischen könnte sie auch „Wackelige Anna" heißen. Der Fels ist akut vom Einsturz bedroht. Wissenschaftler sind sich uneinig darüber, was ihr den Garaus machen könnte: Sogenannte Katersandlagen – Schichten von besonders brüchigem Sandstein – könnten dafür sorgen, dass die oberen zwei Drittel abbrechen. Ob man sie dann umbenennt in Kurze Anna? Gleichzeitig besteht die Gefahr, dass der Sockel unterspült wird und das gesamte Gebilde komplett in sich zusammenbricht. Diverse Maßnahmen zur Rettung von Helgolands Wahrzeichen sind getroffen worden. Doch Experten zufolge kann der Verfall nur aufgehalten werden. Die Helgoländer werden irgendwann wohl ohne ihr Wahrzeichen auskommen müssen.

seine Zukunft." Konsequenterweise vermietete Weber sein Designhotel „atoll ocean resort" für zehn Jahre an einen Windparkbetreiber, der rund 20 km nördlich von Helgoland eine riesige Offshore-Anlage errichtet. Insel-Bürgermeister Jörg Singer sagte dazu: „Für unseren Tourismus ist das eine kalte Dusche, denn das ‚atoll' hat höchste Maßstäbe auf Helgoland gesetzt." Zugleich blickt Singer aber optimistisch in die Zukunft. Mit der Tourismusinitiative 2020 will Helgoland die Besucherzahlen um 30 Prozent erhöhen. 2012 kamen erstmals wieder mehr als 300 000 Tagesgäste. Der Bürgermeister zeigt sich zuversichtlich, mittelfristig die Marke von 400 000 zu knacken. Zu den Maßnahmen, mit denen man mehr Gäste

Die „Lange Anna", seit
Menschengedenken
Wahrzeichen von
Deutschlands einziger
Hochseeinsel

Die schönsten Schiffstouren

Eine Seefahrt, die ist …

Ob durch die „Wunderwelt Wattenmeer" zu den Halligen, hinaus auf hohe See zu Deutschlands einziger Hochseeinsel Helgoland oder gemütlich tuckernd durch Schleswig-Holsteins schönste Flusslandschaft zwischen Eider, Treene und Sorge – es bleibt dabei: „Eine Seefahrt, die ist lustig, eine Seefahrt die ist schön!"

1 Auf den Spuren der versunkenen Stadt

Das Schiff trägt den Namen der sagenumwobenen Stadt Rungholt, die im 14. Jahrhundert bei der Groten Mandräke in den Fluten versank. Kapitän Uwe Petersen und seine Frau Karen wissen einige spannende Geschichten zu erzählen, wenn sie ihre Gäste durchs Wattenmeer schippern, u. a. zu den Halligen Oland, Gröde, Langeneß und Hooge. Außerdem im Angebot: Fahrten zu den Seehundbänken, und Kinder können an Bord das Hallig-Piraten-Patent machen. Fahrten ab Schlüttsiel.

Kapitän Uwe Petersen, Westerweg 4, Galmsbüll, Tel. 04 66 7 367, www.hallig meerfahrten.de

2 Durchs Land der Horizonte

Vom pittoresken Holländerstädtchen Friedrichstadt geht es ins grüne Binnenland, wo Eider, Treene und Sorge durch sattgrüne Weiden mäandern. Mit ein bisschen Glück entdeckt man auf dem Trip Fischotter und sogar Seeadler. Schon bald weiß man, warum diese topfebene Gegend zwischen den Meeren auch „Land der Horizonte" genannt wird. Und warum der Wahlspruch der Nordfriesen „Rüm Hart, klaar Kiming" lautet, was so viel wie „Weites Herz, klarer Horizont" bedeutet.

Friedrichstädter Grachten- und Treeneschifffahrt Günther Schröder, Am Markt 17, Friedrichstadt, Tel. 04 88 1 87 63 95, www. grachtenschifffahrt.de

3 Zur Langen Anna

Wenn die Helgoland-Fähren morgens von Büsum aus in See stechen, dann ist schon der Weg das Ziel. Was keinesfalls die Attraktivität von Deutschlands einziger Hochseeinsel schmälern soll. Das Image als Fuselfelsen hat Helgoland längst abgelegt. Das Eiland hat weitaus mehr zu bieten als billigen Schnaps: Angefangen von einem Spaziergang zur „Langen Anna", dem markanten Wahrzeichen der Insel, über die Seehunde am feinen Sandstrand der Düne, bis hin zum Knieper-Essen an den bunten Hummerbuden.

Reederei Cassen Eils, Bei der Alten Liebe 12, Cuxhaven, Tel. 0472 35082, www.cassen-eils.de Reederei H. G. Rahder, Fischerkai 2, Büsum, Tel. 04834 13 80, www.rahder.de

4 Seehund-Watching vor Sylt

Die Kegelrobbe Willi ist seit Jahren das Wahrzeichen des Hafens in Hörnum. Von der Südspitze Sylts stechen die Adler-Schiffe in See, um sich auf die Spuren von Willis Artgenossen in der Nordsee zu machen. Auf dem Törn passieren die Ausflugsschiffe die Ruheplätze der Kegelrobben und Seehunde, die zumeist träge in der Sonne liegen – so sie denn scheint. Selbstverständlich findet das „Seehund-Watching" in Abstimmung mit den Fachleuten vom Nationalpark Schleswig-Holsteinisches Wattenmeer statt.

Adler-Schiffe, Boysen-straße 13, Sylt/Westerland, Tel. 04651 98 70 888, www. adler-schiffe.de

8

6

7

Map:

DÄNEMARK

6 Rømø

8 Sylt

4 Föhr • Niebüll

Flensburg

Nordfriesische Inseln

Amrum
Pellworm
Nordstrand

1

Husum • Schleswig

NORDSEEKÜSTE
SCHLESWIG-
HOLSTEIN

Nordsee

2

Helgoland **3**

Heide

*Helgoländer
Bucht*

Schleswig-
Holstein

Nord-Ostsee-Kanal

Brunsbüttel

Cuxhaven **7** • Itzehoe

5

7

---

5 **Matjes und
mehr**

Erleben Sie die Elbe vom
ältesten noch fahrtüchtigen
Segelschiff Deutschlands,
der „Rigmor von Glück-
stadt", aus. Lauschen sie an
Bord des mehr als 160 Jahre
alten Seglers den Geschichten über die Heringsfischer,
die einst von Glückstadt aus
auf Fangreise gingen. Und
genießen Sie an Bord

feinste Matjesspezialitäten.
Clou des Törns auf der Elbe:
Sie selbst dürfen die
„Rigmor" durch die Fluten
des Stroms navigieren – mit
ein bisschen Hilfe erfahrener
Steuermänner selbstver-
ständlich.

Tourist-Information
Glückstadt, Große Nübel-
straße 31, Glückstadt,
Tel. 04124 93 75 85, www.
glueckstadt-tourismus.de
oder www.rigmor.de

---

6 **Strand so
weit das Auge
reicht**

Mit der Syltfähre geht es
von List auf Sylt hinüber
nach Havneby auf der
dänischen Nordseeinsel
Rømø. Dort kann man sich
in erster Linie an Nord-
europas breitestem Sand-
strand vergnügen. Mit dem
Havsand im Süden und
dem Juvre Sand im Norden
kommt der Rømø-Strand
bei Niedrigwasser auf
sensationelle vier Kilometer
Breite. Im Hafen von
Havneby gönnt man sich
ein Krabbenbrötchen oder
einen Pølser, die dänische
Variante der Bockwurst.

Rømø-Sylt Linie, Am Fähr-
anleger, List, Tel. 0461
86 46 01, www.syltfaehre.de

---

7 **Traumschiffe
gucken**

Hundertzehn Jahre hat er
schon auf dem Buckel, der
historische Raddampfer
„Freya" – und ist damit fast
so alt wie der Nord-Ost-
see-Kanal. Ursprünglich
tuckerte das historische
Prachtexemplar als
„Westerschelde" über die
Wasserstraßen der
Niederlande. Heute ist die
restaurierte „Freya" überwiegend auf dem Nord-
Ostsee-Kanal unterwegs.
Das Motto der Reise von
Brunsbüttel nach Kiel (oder
umgekehrt): Traumschiffe
gucken von einem traum-
haft schönen Schiff aus.

Adler-Schiffe, Boysen-
straße 13, Sylt/Westerland,
Tel. 04651 98 70 888, www.
adler-schiffe.de

---

8 **„Austern-
fischer"**

Mit der „Rosa Paluka", die
in Wirklichkeit ein roter
Kutter ist, geht es von List
auf Sylt hinaus ins Wattenmeer zu einem ganz be-
sonderen kulinarischen
Ausflug. Der Törn führt die
Besucher zu den Austern-
bänken in der Blidselbucht.
Bereits im 19. Jahrhundert
wurden die edlen Schalen-
tiere kultiviert und bis an
den Zarenhof Russlands
exportiert. Heute wachsen
hier die von Feinschme-
ckern geschätzten „Sylter
Royal". An Bord lernt man
einiges über die Meeres-
delikatesse, die man
schließlich auch verkosten
darf.

Adler-Schiffe, Boysen-
straße 13, Sylt/Westerland,
Tel. 04651 98 70 888, www.
adler-schiffe.de

Reiche Ernte für Besucher

Das Meer vor der Haustür, fruchtbaren Marschboden unter den Füßen. Kein Wunder, dass es in Dithmarschen und der Wilstermarsch auch kulinarisch einiges zu entdecken gibt: Mehlbüddel, Matjes, Krabben, Deichlamm und Kohl in unzähligen Variationen. Oder man macht sich auf nach Helgoland – zum Knieper- und Hummerschmaus.

❶ Büsum

Büsum (5000 Einw.) ist nicht wirklich schön – nach dem Zweiten Weltkrieg wurden hier reichlich Bausünden begangen –, aber aufgrund des reichhaltigen Angebots beliebt. Erwähnt wurde das heutige Nordsee-Heilbad 1140, damals noch als Insel. Durch Sturmfluten stark verkleinert, wurde sie nach intensiven Landgewinnungen und Deichbau Ende des 16. Jh. mit dem Festland verbunden. Überregional bekannt ist Büsum durch Krabbenfischerei. Die Strandkörbe stehen hier am rund 3,5 km langen „grünen Strand" am Deich.

SEHENSWERT
Die **St.-Clemens-Kirche** (15. Jh.) ist ein Hort der Ruhe. Quirliger geht es am Hafen zu, wo man den Büsumer **Leuchtturm** (1913) sehen kann.

MUSEEN
Im **Museum am Meer** ist vieles über Krabbenfischerei zu erfahren (Am Fischereihafen 19, Tel. 04834 67 34, www.museum-am-meer.de; März–Okt. Di.–Fr. und So. 11.00–17.00, Sa. 13.00–17.00 Uhr). Im **Büsumer Museumshafen** (Fischerkai 2, www.museumshafen-buesum.de) gibt es neben historischen Seglern und Motorschiffen weitere maritime Exponate zu sehen. Im **Büsumer Deichfreilichtmuseum** wird die Geschichte des Deichbaus anschaulich (Neuenkoog, Nähe Parkplatz 1).

RESTAURANT
Seit 1920 verwöhnt € € € / € € **Kolles Alter Muschelsaal** seine Gäste (Hafenstraße 27, Tel. 04834 24 40, www.kolles-alter-muschelsaal.de).

VERANSTALTUNGEN
Von Mai bis Dez. ist So. **Büsumer Fischmarkt** (9.00–18.00 Uhr). Im Sommer feiert Büsum sein **Hafenfest** inklusive großer Kutterregatta.

AKTIVITÄTEN
Im Meerwasser-Wellen- und Erlebnisbad **Piraten Meer** können die „Lütschen" nach Herzenslust plantschen, Ruhebedürftige finden in der Schatzinsel-Saunalandschaft Entspannung (Südstrand 9, Tel. 04834 90 91 33, www.piratenmeer.de; Mai–Okt. Mo.–Sa. 10.00–20.00, So. 10.00–19.00, sonst 12.00–19.00 Uhr). Verschiedene Anwendungen bietet das Gesundheits- und Thalassozentrum **Vitamaris** (Südstrand 5, Tel. 04834 90 91 24, www.vitamaris-

Büsum leuchtet – beim Hafenfest (links). Heides Kirche St. Jürgen ist dem hl. Georg geweiht (rechts oben). Der Büsumer Gaffelkutter „Margaretha" stammt aus Zeiten, als Fischereifahrzeuge segelten (rechts unten)

buesum.de; Wellness-Oase Mo.–Fr. 12.00 bis 22.00, Sa. und So. 11.00–19.00 Uhr, Fitwelt Mo., Mi. und Fr. 10.00–22.00, Di. und Do. 14.00 bis 22.00, Sa. und So. 11.00–16.00 Uhr). Trockenen Fußes kann man Meeresbewohner in den **Aquarien der Büsumer Meerwelten** betrachten (Südstrand 9a, Tel. 0173 862 53 77, www.aquarium-buesum.de; März–Okt. tgl. 10.00/11.00–17.00/18.00 Uhr).

UMGEBUNG
In **Wesselburen** lohnt der Besuch der St.-Bartholomäus-Kirche (Taufbecken 12. Jh.). Das Hebbel-Museum ist dem Dichter Friedrich Hebbel (1813–1863) gewidmet, hier geboren und aufgewachsen (Österstraße 6, Tel. 04833 41 90, www.hebbelmuseum.de; Mai–Okt. Di. bis Do. 11.00–13.00 und 14.00–17.00, Fr.–So. 11.00 bis 13.00 und 14.00–16.00 Uhr, sonst Di.–Do. 14.00–17.00 Uhr). Eher kulinarisch statt literarisch geht es im **Kohlosseum** zu, wo sich alles um das schmackhafte Gemüse dreht (Bahnhofstraße 22a, Tel. 04833 45 89 0, www.kohlosseum. de; Mo.–Fr. 10.00–18.00, Sa. 10.00–15.00 Uhr).

INFORMATION
Kur- und Tourismus-Service, Südstrand 11, 25761 Büsum, Tel. 04834 90 90, www.buesum.de

❷ Heide

Als „Uppe de Heyde" 1404 erwähnt, ist Heide heute die größte Stadt Dithmarschens (20 000 Einw.) und Sitz der Kreisverwaltung. Mittelpunkt ist der Marktplatz, mit 4,6 ha Fläche der größte unbebaute Marktplatz Deutschlands.

SEHENSWERT
Am Platz stehen einige schöne Bürgerhäuser, u. a. das **Alte Pastorat** (1739), das barocke **Dretornshus** (1733) und die Neorenaissance-Postelvilla (1893). In der weißen **St.-Jürgen-Kirche** (Urspr. um 1560) findet man u. a. einen spätgotischen Schnitzaltar.

MUSEEN
Gleich drei Erinnerungsstätten haben sich auf der „Museumsinsel" angesiedelt. Das **Brahms-Haus** ist dem deutschen Komponisten Johannes Brahms (1833–1897) gewidmet; das Haus war lange in Familienbesitz (Lüttenheide 34, Tel. 0481 6 31 86, www.brahms-sh.de; April–Okt. Di., Do. und Fr. 11.30–15.30, Sa. 11.30–13.30 Uhr, regelmäßige Konzerte).

Ein paar Schritte weiter wurde im Geburtshaus des niederdeutschen Lyrikers (1819–1899) das **Klaus-Groth-Museum** eingerichtet (Lüttenheid 48, Tel. 0481 6 37 42; Di.–Do. 11.30–17.00, Fr. 11.30–14.00, Sa. 14.00–17.00, So. 11.30 bis 17.00 Uhr). Das **Heider Heimatmuseum** präsentiert Stadtgeschichte (Lüttenheid 48, Tel. 0481 21 83; wie Klaus-Groth-Museum).

VERANSTALTUNG

Alle zwei Jahre wird der **Heider Marktfrieden** abgehalten, ein bunter, mittelalterlicher Markt mit Gauklern, viel Musik und einem großen Umzug als Höhepunkt (wieder 2016).

UMGEBUNG

Eine Zeitreise ermöglicht **Albersdorf** (15 km südöstl.) mit seinem Steinzeitpark und dem Brutkamp, einem 5000 Jahre alten Hünengrab (www.neues.aoeza.de; April–Okt. Di.–So. 11.00 bis 17.00 Uhr).
Meldorf (7500 Einw.) mit seinem „Dom" St. Johannis aus dem 13. Jh. beheimatet das Dithmarscher Landesmuseum zu 1000 Jahren Dithmarscher Geschichte (Bütjestraße 2–4, Tel. 04832 60 00 60, www.landesmuseum-dith marschen.de; Di.–Fr. 11.00–16.30, So. 11.00 bis 16.00, Juli und Aug. auch Sa. 11.00–16.00 Uhr) wie auch das Schleswig-Holsteinische Landwirtschaftsmuseum (Jungfernstieg 4, Tel. 04832 97 93 90, www.landwirtschaftsmuseum-

---

Tipp

Zu Besuch bei Lümmel

Lümmel, Hein und Mareike sind die Stars der Seehundaufzuchtstation im Nordseeheilbad Friedrichskoog, wo auch viele Kutter beheimatet sind. Die drei Seehunde wohnen dauerhaft in der Station, weil sie krankheitsbedingt nicht mehr ausgewildert werden können. Das ist jedoch die große Ausnahme. Die meisten der verwaisten „Heuler" werden in Friedrichskoog aufgepäppelt, um letztendlich wieder fit genug zu sein für die freie Wildbahn. Täglich werden die Tiere durchgecheckt, erst wenn sie ein bestimmtes Gewicht erreicht haben und kerngesund sind, geht es zurück in die Nordsee. Der Aufzucht- und Forschungsstation ist ein umfassender Ausstellungs- und Informationsbereich angegliedert.

INFORMATION

Seehundstation Friedrichskoog, An der Seeschleuse 4, Tel. 04854 13 72, www.seehundstation-friedrichskoog.de; März–Okt. tgl. 9.00–18.00, sonst. tgl. 10.00–16.00 Uhr, Fütterungszeiten 10.30 und 14.00 sowie in der Hauptsaison 17.30 Uhr

---

Die Bunten Hummerbuden am Helgoländer Binnenhafen (oben). An Land kommt man immer noch nur mit „Börtebooten" (unten)

schleswig-holstein.de; Di.–Fr. 10.00–16.00, Sa. und So. 11.00–16.00 Uhr, Bauernhaus nur April bis Okt.).

INFORMATION

Dithmarschen Tourismus, Markt 10, 25746 Heide, Tel. 0481 212 25 55, www.echt-dithmarschen.de
Fremdenverkehrsverein, Nordermarkt 10, 25704 Meldorf, Tel. 04832 97 80 0, www.meldorf-nordsee.de

❸ Brunsbüttel

Attraktion Brunsbüttels (14 000 Einw.) sind die **Schleusenanlagen des Nord-Ostsee-Kanals** TOPZIEL. Die im Bau befindliche Schleusenmeile Brunsbüttel soll maritimes Infotainment, Kunst und Kultur, Gastronomie und Erlebnisparks umfassen.

MUSEUM

Das **Heimatmuseum** präsentiert das frühere Leben an der Elbmündung (Markt 4, Tel. 04852 72 12, www.museum-brunsbuettel.de; März bis Okt. Di., Do., Sa. und So. 14.30–17.30, Mi. 10.00 bis 12.00 Uhr).

VERANSTALTUNGEN

Alljährlich im Sommer lädt der „Wattikan" zur **Wattolümpiade** (www.wattoluempia.de). Das einstige Hafenstädtchen Marne (12 km nordw.) bezeichnet sich als die Hochburg des norddeutschen **Karnevals**. Im Aug. findet hier das **Dithmarscher Rockfestival** statt (www.dithmarscher-rockfestival.de).

INFORMATION

Tourist-Information, Gustav-Meyer-Platz 2, 25541 Brunsbüttel, Tel. 04852 83 66 24, www.brunsbuettel.de

❹ Glückstadt

Seine Entstehung hat Glückstadt dem Machtstreben des dänischen Königs Christian IV. zu verdanken. Der Regent plante 1614, an der Unterelbe eine Stadt und Festung als Konkurrent zu Hamburg anzulegen. Heute ist Glückstadt mit seinen schönen Backstein- und Renaissance-Häusern sowie dem maritimen Flair ein lohnendes Ausflugsziel.

SEHENSWERT

Mittelpunkt der sternförmig angelegten Glückstädter Altstadt ist der **Marktplatz**. Hier wurde 1873/1874 stilmäßig in Anlehnung an den Spätrenaissance-Vorgänger das **Rathaus** erneuert. Am Markt steht auch die **Stadtkirche** (1618–1623), das **Löhmannsche Traufenhaus** aus dem 18. Jh. und der gusseiserne Kandelaber. Wenige Fußminuten entfernt, lässt es sich am **Alten Hafen** flanieren.

MUSEEN

Im Brockdorff-Palais (1632) präsentiert das **Detlefsen-Museum** eine Sammlung zur Kulturgeschichte Glückstadts (Am Fleth 43, Tel. 04124 93 05 20, www.detlefsen-museum.de; Mi.–Sa. 14.00–18.00, So. 14.00–17.00 Uhr). Im **Palais für aktuelle Kunst** bietet der Glückstädter Kunstverein zeitgenössischen Künstlern Raum für wechselnde Ausstellungen (Am Hafen 46, Tel. 04124 60 47 76, www.pak-glueckstadt.de; Febr.–Dez. Do.–So. 13.00 bis 17.00 Uhr).

RESTAURANT

Spezialität im € € € / € € **Kandelaber** ist zur Saison Matjes in allen Variationen – sonst überwiegend spanisch/brasilianische Küche (Am Markt, Tel. 04124 93 27 77, www.restaurant-kandelaber.de;).

VERANSTALTUNGEN

Alljährlich zelebrieren die Glückstädter ihre **Matjeswochen**. Am 2. Juni-Do. eröffnet der Bürgermeister mit einem herzhaften Matjesanbiss die neue Saison. Anschließend wird die Innenstadt für mehrere Tage zur Partymeile.

INFORMATION

Tourist-Information, Große Nübelstraße 31, 25348 Glückstadt, Tel. 04124 93 75 85, www.glueckstadt-tourismus.de

⑤ Helgoland

„Grün ist das Land, rot ist die Kant, weiß ist der Strand. Das sind die Farben von Helgoland." So beschreiben die Helgoländer selbst ihre Insel. Das noch nicht einmal 2 km² große Eiland (1250 Einw.) ist bekannt für sein gesundes Hochseeklima. 1720 zerstörte eine Sturmflut die Verbindung zwischen der Hauptinsel und der heutigen Badeinsel, der Düne. Nach wie vor können keine großen Schiffe auf Helgoland anlegen, weshalb Besucher mit „Börtebooten" an Land und wieder zurückgebracht werden. Den wenig schmeichelhaften Spitznamen „Fuselfelsen" erhielt Helgoland, als ein Großteil der Besucher auf die Insel strömte, um zollfrei Alkohol einzukaufen. Die bunten Hummerbuden am Binnenhafen haben sich zum touristischen Zentrum der Insel entwickelt.

SEHENSWERT

Wahrzeichen ist die **Lange Anna** TOPZIEL, ein knapp 50 m aus dem Meer aufragender Buntsandsteinfelsen. Das **Aquarium Helgoland** präsentiert die Unterwasserwelt der Nordsee (Kurpromenade 201, Tel. 04725 819 32 28; April bis Okt. Mo.–Fr. ab 10.00, Sa., So. ab 13.00 Uhr).

MUSEEN

Im **Helgoländer Museum** wird die wechselvolle Geschichte der Insel und damit ihrer Bewohner anschaulich gemacht (Kurpromenade, Tel. 04725 12 92, www.museum-helgoland.de; April–Okt. tgl. 10.00–14.30 Uhr). Besuchenswert ist auch der angrenzende **Museumshof** mit seinen original nachgebauten Hummerbuden und dem James-Krüss-Museum zum Andenken an den gebürtigen Helgoländer Kinder- und Jugendbuchautor (1926–1997).

AKTIVITÄTEN

Nach Herzenslust plantschen lässt es sich im Meerwasserbad des **Mare Frisicum Spa Helgoland,** entspannen in der großzügigen Saunalandschaft (Mo., Di., Do. und Sa. 8.00 bis 19.00, Mi., Fr. und So. 10.00–21.00 Uhr).

VERANSTALTUNGEN

Am 1. März begehen die Insulaner den **Tag der Inselfreigabe** durch die Briten 1952. Im Mai findet der **Helgoland Marathon** statt. Zu Pfingsten trifft sich hier die Segelelite zur **Nordseewoche.** Sommerliche Höhepunkte sind das **Inselfest** sowie die traditionelle **Ruderregatta der Börteboote.**

HOTEL UND RESTAURANT

Ein gutes Unterkunftsangebot ist € € € **Rickmers' Insulaner** (Am Südstrand 2, 27498 Helgoland, Tel. 04725 8 14 10, www.insulaner. de) mit seinem Helgoländer Küche verpflichteten Galerie Restaurant. Auf Helgolands Badedüne kann man sich in quietschbunten **Bungalows** einnisten (Tel. 04725 81 12 51).

INFORMATION

Helgoland Touristik, Rathaus, Lung Wai 28, 27498 Helgoland, Tel. 04725 20 67 99, www.helgoland.de

Genießen   Erleben   Erfahren

DuMont Aktiv

Wettrennen mit Traumschiffen

Pro Jahr passieren rund 30 000 Schiffe den Nord-Ostsee-Kanal, doppelt so viele wie den Suezkanal, sogar dreimal so viele wie den Panamakanal. Da gibt es viel zu gucken für Radwanderer, die auf beiden Uferseiten des NOK gut ausgebaute Radwege vorfinden.

Ein Wettrennen mit dem Fahrrad gegen ein Kreuzfahrtschiff – wie soll denn das gehen? Auf den sieben Weltmeeren machen sich die Fahrradwege schließlich eher rar. Die Lösung ist einfach: entlang dem Nord-Ostsee-Kanal. Die rund 100 km lange Strecke von Brunsbüttel an der Elbmündung bis zur Schleuse Holtenau bei Kiel führt fast steigungsfrei durch abwechslungsreiche Landschaft. Vorbei an der tiefsten Landstelle Deutschlands bei Neuendorf – dreieinhalb Meter unter Normalnull –, durch

fruchtbare Marschlandschaft und Mischwälder, durch Korn- und im Frühjahr leuchtende Rapsfelder. Über Brücken oder via Fähre kann man das Kanalufer wechseln, Radwege gibt es auf beiden Seiten. Wegen der vorherrschenden Windrichtung aus Südwest empfiehlt es sich, in Brunsbüttel zu starten. Und die Chancen, das Rennen gegen eines der Traumschiffe zu gewinnen, stehen nicht schlecht. Die Höchstgeschwindigkeit auf dem Kanal beträgt 15 km/h. Und die „Blitzer" am Ufer nehmen nur Schiffe und nicht die Radler ins Visier.

Weitere Informationen

Die Touristische Arbeitsgemeinschaft Nord-Ostsee-Kanal (www.nok-sh.de) veröffentlicht im Internet eine Liste der „Traumschiffe". Der DTP Service hat eine Broschüre zu Radtouren am Kanal herausgegeben (Tel. 04332 91 18, www. kiel kanal.de).

Bereit für eine Grachtenrundfahrt: Rundfahrt-boote in Friedrichstadt (links). Unterwegs nach Amrum: Fähren im Wattenmeer (Mitte). Nord-see-Exotik: Miesmuschelcurry (rechts)

Service

Die schleswig-holsteinische Nordseeküste ist – vor allem mit ihren Inseln – ein traditionelles und bekanntes Reiseziel. Dennoch sind einige allgemeine Hinweise zur Region sicherlich hilfreich.

Anreise

Mit dem Auto: Von Hamburg aus geht es auf der Autobahn 23 nordw. Itzehoe nach Heide, von dort weiter auf der Bundesstraße 5 an die Nordseeküste. Sylt-Reisende nehmen die A 7 bis Flensburg und dann die B 199; ab Niebüll „huckepack" auf dem AutoZug SyltShuttle weiter nach Westerland/Sylt (Tel. 01806 22 83 83, www.syltshuttle.de; Online-Tickets über www.buchung-sylt shuttle.de).

Mit der Bahn: Vor allem in der Hauptsaison fahren IC-Züge von mehreren deutschen Groß-städten aus direkt nach Westerland/Sylt. Ansonsten geht es ab Hamburg mit der Nord-Ostsee-Bahn weiter (Tel. 01806 99 66 33, www. bahn.de bzw. Tel. 01807 66 26 62, www.nob.de). Nach Husum braucht man ab Hamburg via Elmshorn ca. 2 Std. Nach dem Umsteigen in Husum dauert es noch eine knappe Stunde mit der „Bimmelbahn" bis St. Peter-Ording. Nach Büsum führt die Strecke ab Hamburg über Elmshorn und Heide.

Mit dem Flugzeug: Sylt ist inzwischen von vielen deutschen Airports, aber auch von Paris, Mallorca oder Wien aus zu erreichen. Luft-hansa, Air Berlin und Sylt Air steuern die Ferieninsel an (Tel. 04651 92 06 12 und www. flughafen-sylt.de).
Helgoland wird ab Cuxhaven/Nordholz, ab Heide/Büsum und ab Bremerhaven aus an-geflogen (www.helgoland.de oder www.flug hafen-helgoland.de).

Mit der Fähre: Die Autofähren der Wyker Dampfschiffs-Reederei (W.D.R.) legen in Dage-büll nach Föhr und Amrum ab. Zudem bedient die Flotte auch die Halligen Hooge und Lange-

neß (Tel. 04667 94 03 0 und www.faehre.de). Nach Pellworm fahren die Fähren der Neuen Pellwormer Dampfschifffahrtsgesellschaft ab Strucklahnungshörn auf Nordstrand (Tel. 04844 753 und www.faehre-pellworm.de). Verbin-dungen zwischen den Halligen und den Nord-friesischen Inseln bietet die Reederei Adler-Schiffe an (Tel. 04651 98 70 888 und www.adler-schiffe.de).
Helgoland wird in der Hauptsaison von der Reederei FRS Helgoline (Tel. 0461 8 64 44 und www.helgoline.de) tgl. ab Cuxhaven, Wedel und Hamburg angesteuert. Die Reederei Cassen Eils legt ab Büsum und Cuxhaven ganz-jährig nach Helgoland ab (Tel. 04721 3 50 82 und www.cassen-eils.de).
Von Büsum aus starten darüber hinaus Schiffe der Reederei Rahder (Tel. 04834 36 12 und www.rahder.de).
Auch Sylt kann man auf dem Wasserweg er-reichen. Die Syltfähre verbindet List mit dem dänischen Hafen Havneby auf Rømø (Tel. 0461 86 46 01 und www.syltfaehre.de).
Seit jüngstem verbindet die Reederei Elb-Link Brunsbüttel mehrmals tgl. mit Cuxhaven auf der anderen Elbseite (Tel. 04721 30 06 30 0 und www.elb-link.de).

Auskunft

Überregional: Nordsee-Tourismus-Service GmbH, Zingel 5, 25813 Husum, Tel. 04841 89 75 0, www.nordseetourismus.de
Tourismus-Agentur Schleswig-Holstein GmbH, Wall 55, 24103 Kiel, Tel. 0461 60 05 83, www. sh-tourismus.de

Regional: AmrumTouristik, 25946 Wittdün, Tel. 04682 94 03 0, www.amrum.de
Dithmarschen Tourismus e.V., Markt 10, 25746 Heide, Tel. 04812 12 25 55, www.echt-dithmar schen.de
Föhr Tourismus GmbH, Postfach 1511, 25933 Wyk auf Föhr, Tel. 04681 300, www.foehr.de
Insel Sylt Tourismus-Service, Strandstraße 35, 25980 Westerland, Tel. 04651 99 80, www.insel-sylt.de
Nordfriesland Tourismus GmbH, Am Badedeich 1, 25899 Dagebüll, Tel. 04667 98 10 36, www.nord frieslandtourismus.de
Internet: www.sh-tourismus.de
www.nordseetourismus.de
www.nordfrieslandtourismus.de
www.nordsee-urlaub.de
www.dithmarschen-tourismus.de
www.halligen.de
www.husum-tourismus.de
www.wattenmeer-nationalpark.de

Essen und Trinken

Fünf exquisite Gänge „an und zu" für weit über 100 Euro oder ein Fischbrötchen für „Zwei-fuffzich" – die kulinarische und preisliche Bandbreite ist groß.
Sylt verweist stolz auf mehrere Sterne-Restau-rants, auf dem Festland überwiegen Landgast-höfe mit bodenständiger Küche. Zahlreiche Re-staurants verstehen es jedoch, die regionalen Gerichte raffiniert zu verfeinern. Gern kombi-nieren sie Schätze aus dem Meer mit Deich-wiesenlamm, Schwein oder Rind. Da kommt dann beispielsweise auf den Teller: mit Kräuter-

fischfarce gefüllte Röllchen vom Schweinerücken an rahmigen Schwarzwurzeln mit Nordseekrabben. Oder: Kabeljaufilet in Gewürzsahne, konfiert mit Küstennebelinfusion und Tango von Kartoffel, Apfel und Rotweinschalotten. Die Spezialität schlechthin ist und bleibt aber die **Nordseekrabbe**. Man kann sie auf Schwarzbrot genießen, mit Rührei und Bratkartoffeln. Der **Matjes** an der Küste ist ein

Gedicht, wer **Austern** mag, fühlt sich auf Sylt wie im Schlaraffenland. Und der **Hummer** auf Helgoland oder die Scheren des „Knieper" (Taschenkrebs) sind ebenfalls nicht zu verachten.
Dass in Dithmarschen, dem größten Kohlanbaugebiet Europas, sämtliche heimische **Kohlsorten** angeboten werden, versteht sich von selbst. Im Winter lässt man sich Grünkohl schmecken, gern mit gezuckerten, in Butter gebratenen Kartoffeln und deftigem Fleisch wie Schweinebacke und Kochwurst.
Der **Mehlbüddel** gilt als Nationalgericht Dithmarschens. Er wird mit Fleisch und auch mit Früchten serviert. Überhaupt ist es eine Besonderheit der hiesigen Küche, süß mit sauer oder salzig zu kombinieren, was man als „Broken Sööt" (Gebrochene Süße) bezeichnet. Weitere traditionelle Gerichte sind **Birnen, Bohnen und Speck, Labskaus, Holsteiner Sauerfleisch** oder **Holsteiner Aalsuppe**.
Wer noch Platz für ein **Dessert** hat, sollte sich

Rote Grütze mit Sahne oder Vanillesauce nicht entgehen lassen.
Zum **Kaffee** oder zum Pharisäer (Kaffee mit Rum und Schlagsahne) bestellt man sich ein Stück Friesentorte oder frisch gebackene Waffeln. Den **Tee** lassen sich die Nordfriesen mit Kandis und Sahne schmecken. Mit einem Schuss „Köm" wird er zum Teepunsch. Zum Krabbenbrot oder zur Scholle mun det das Dithmarscher „Beugelbuddelbeer" (**Bier**). Hinterher kippt der gestandene Nordfriese einen „Lütten", einen klaren Korn.
Eine kleine **Restaurantauswahl** ist auf den Infoseiten zu den jeweiligen Regionen zu finden.

Sport und Freizeit

Angeln: Treene, Eider und Sorge gelten als gute Angelreviere. Für die meisten eher unerwartet: Der Nord-Ostsee-Kanal ist eines der artenreichsten Fischgewässer Deutschlands

Info

Geschichte

10 000 v. Chr.: Zum Ende der letzten Eiszeit bilden die Britischen Inseln und Norddeutschland noch eine zusammenhängende Landmasse. Die Themse war damals ein Nebenfluss des Rheins.
3000–4000 v. Chr.: Erste dauerhafte Besiedlung durch germanische Stämme.
600–700: Besiedlung des heutigen Nordfrieslands durch Friesen.
um 1000: Beginn des Deichbaus in größerem Stil.
11. Jh.: Das dänische Königshaus übernimmt die Herrschaft in Nordfriesland.
1227: Dithmarscher Bauernverbände besiegen die dänischen Truppen in der Schlacht bei Bornhöved, die Eider wird als Grenze zu Dänemark festgelegt.
1362: Die Marcellusflut reißt vermutlich mehr als 100 000 Menschen mit in den Tod. Das sagenhafte Rungholt verschwindet auf ewig in den Fluten.
1368: Sylt wird aufgeteilt: Dänemarks Königin Margrethe I. schenkt dem Herzog von Schleswig den mittleren und südlichen Teil der Insel; der Norden um List bleibt dänisch.
1440: Adolf VIII. von Schauenburg wird erster Alleinherrscher über das Herzogtum Schleswig und die Grafschaft Holstein.
1447: Proklamation des Dithmarscher Landrechts und des Marktfriedens auf dem Heider Marktplatz.
1500: Dithmarscher Truppen besiegen in der Schlacht bei Hemmingstedt das dänisch-schleswig-holsteinische Heer unter König Johann.
1559: Nach der Niederlage gegen dänisch-holsteinische Truppen verliert die Bauernrepublik Dithmarschen ihre Unabhängigkeit.
1634: Die Burchardiflut richtet verheerenden

Schaden an und verändert die Küstenlinie nachhaltig.
1634–Mitte 19. Jh.: Nordfriesen betreiben intensiven Walfang vor Grönland.
1819: Wyk auf Föhr wird erstes Seebad an der schleswig-holsteinischen Nordseeküste.
1841: August Heinrich Hoffmann von Fallersleben schreibt auf Helgoland den Text zum „Lied der Deutschen", dessen dritte Strophe heute Text der deutschen Nationalhymne ist.
1855: Westerland auf Sylt wird zum Seebad.
1864–1867: Eine Koalition preußischer und österreichischer Truppen besiegt Dänemark im Deutsch-Dänischen Krieg. 1867 wird nach dem Deutschen Krieg neben dem Herzogtum Schleswig auch Holstein dem Königreich Preußen zugeschlagen.
1890: Helgoland kommt im Tausch gegen Sansibar zurück ans Deutsche Reich; England hatte die Schmugglerinsel 1807 zur Zeit der gegen die napoleonische Herrschaft gerichteten Kontinentalsperre besetzt.
1895: Eröffnung des Nord-Ostsee-Kanals, seinerzeit noch unter dem Namen Kaiser-Wilhelm-Kanal.
1927: Einweihung und Eröffnung des Hindenburgdamms nach Sylt.
1938: Funde im Wattenmeer bei Südfall belegen die Existenz Rungholts.
1946: Gründung des Landes Schleswig-Holstein.
1952: England gibt Helgoland nach Besetzung im Zweiten Weltkrieg an die Bundesrepublik Deutschland zurück.
1962: Die Flutkatastrophe im Februar richtet auch an der schleswig-holsteinischen Küste schwere Schäden an. In der Folge wird ein umfassendes Konzept zur Sicherung der Deiche verabschiedet und umgesetzt.

1967: Baubeginn des Eidersperrwerks, das 1973 eingeweiht wird.
1976: Das Kernkraftwerk Brunsbüttel wird in Betrieb genommen.
1978/1979: Eine Schneekatastrophe stürzt große Teile Schleswig-Holsteins ins Chaos.
1981: Über 100 000 Menschen protestieren gegen den Bau des Atommeilers in Brokdorf nahe der Störmündung.
1983: Mit dem „Growian" wird die erste öffentlich geförderte und seinerzeit größte Windenergieanlage der Welt am Kaiser-Wilhelm-Koog bei Marne in Betrieb genommen.
1985: Gründung des Nationalparks Schleswig-Holsteinisches Wattenmeer.
1988: Fast 6000 Seehunde im Wattenmeer fallen einer Epidemie zum Opfer.
1998: Der Frachter „Pallas" gerät Ende Okt. in Brand und läuft vor Amrum auf Grund. Auslaufendes Öl bedroht das Ökosystem im Wattenmeer.
1990: Der Nationalpark Schleswig-Holsteinisches Wattenmeer wird mit den Halligen zum Biosphärenreservat erklärt.
2007: Der Betrieb des Kernkraftwerks Brunsbüttel wird nach einem Störfall eingestellt.
2009: Das Wattenmeer vor der Nordseeküste wird in die Welterbeliste der UNESCO aufgenommen.
2012: Die sogenannte „Dänen-Ampel", ein rot-grün-blaues Bündnis aus SPD, den Grünen und dem Südschleswigschen Wählerverband (SSW) übernimmt die Regierung im Bundesland Schleswig-Holstein.
2015: Eine Havarie in Brunsbüttel zerstört ein Schleusentor am Eingang des Nord-Ostsee-Kanals und sorgt für riesige Behinderungen. Der Unfall zeigt, wie sehr die Schifffahrt unter dem Modernisierungsstau des Kanals leidet.

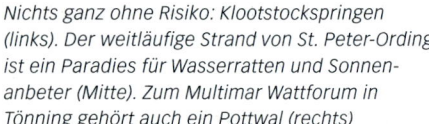

Nichts ganz ohne Risiko: Klootstockspringen (links). Der weitläufige Strand von St. Peter-Ording ist ein Paradies für Wasserratten und Sonnenanbeter (Mitte). Zum Multimar Wattforum in Tönning gehört auch ein Pottwal (rechts)

Info

Daten & Fakten

Geografische Lage: Schleswig-Holstein, das „Land zwischen den Meeren", ist das nördlichste Bundesland Deutschlands mit einer Fläche von 15 799 km². Das westliche Schleswig-Holstein lässt sich grob in die Regionen Wilstermarsch, Dithmarschen, Eiderstedt und Nordfriesland einordnen. Begrenzt wird Schleswig-Holstein im Norden von Dänemark, im Süden bildet die Elbe größtenteils die Grenze zu Niedersachsen. Vor der Nordseeküste im Nationalpark Schleswig-Holsteinisches Wattenmeer – 2009 von der UNESCO zum Welterbe geadelt – liegen die einzigartigen Halligen und die Nordfriesischen Inseln Nordstrand, Pellworm, Amrum, Föhr und Sylt, auch die „Uthlande" genannt. Im Verlauf der Jahrtausende hat sich die Küste stark verändert. Bis vor 10 000 Jahren gelangte man noch trockenen Fußes über das sogenannte Doggerland zur Ostküste Englands. Sylt war bis zur Marcellusflut 1362 noch ein Teil des Festlandes, Pellworm und Nordstrand sind erst nach dem Auseinanderbrechen der Insel Strand während der Burchardiflut 1634 entstanden.

Das Festland gehört zur Norddeutschen Tiefebene, in Meeresnähe überwiegt fruchtbares Marschenland. Bei Neuendorf nahe Wilster befindet sich die tiefste Landstelle Deutschlands (3,54 m unter NN). Weiter östlich erstreckt sich vor allem zum Binnenland hin eine leicht hügelige Geestlandschaft.

Bevölkerung: Großstädte sucht man an der Nordseeküste vergebens. Heide und Husum sind mit jeweils gut 20 000 Einw. die größten Gemeinden. Zahlreiche Ortschaften wie Tönning, Garding, Friedrichstadt und Meldorf besitzen jedoch Stadtrecht. In Dithmarschen (97 Einw./km²) und Nordfriesland (81 Einw./km²) liegt die Bevölkerungsdichte deutlich unter dem deutschen Durchschnitt (227 Einw./km²). Rund 50 000 Menschen zählen zur Gruppe der dänischen Minderheit, sie genießen einen speziellen Minderheitenschutz und sind wegen der Aufhebung der Fünf-Prozent-Hürde als Partei im schleswig-holsteinischen Landtag vertreten. Ebenfalls rund 50 000 Menschen rechnen sich zur Volksgruppe der Friesen, gleichfalls als nationale Minderheit anerkannt. Mit Inkrafttreten des „Friesisch-Gesetzes" („Friisk Gesäts") 2004 gilt Friesisch im Kreis Nordfriesland sowie auf Helgoland als offizielle zweite Sprache.

Seit jeher gibt es in Schleswig-Holstein einen geringen Ausländeranteil. Er beträgt nur rund 5 % – was sich in Zukunft allerdings schnell ändern kann

Wirtschaft und Tourismus: Der größte Wirtschaftsfaktor entlang der Nordseeküste ist der Tourismus, Fischfang spielt nur noch eine untergeordnete Rolle. Die Tourismus- Zentren sind Sylt, Amrum, Föhr, die Halligen und St. Peter-Ording.

Industrieanlagen ballen sich in Brunsbüttel bzw. an der Elbe, so auch die umstrittenen Atomkraftwerke Brokdorf und Brunsbüttel, Letzteres seit 2011 stillgelegt. Dennoch werden rund 40 % des Stromverbrauchs in ganz Schleswig-Holstein inzwischen aus der Windenergie bestritten. Ein Großteil der mehr als 2500 Windräder dreht sich in Dithmarschen und Nordfriesland. In Planung bzw. im Bau sind gigantische Off-Shore-Anlagen in der Nordsee. Vor Friedrichskoog in Dithmarschen befindet sich mit der Mittelplate zudem das größte deutsche Erdölfördergebiet.

Das Binnenland ist landwirtschaftlich geprägt: Dithmarschen ist das größte zusammenhängende Kohlanbaugebiet Europas, ansonsten werden überwiegend Getreide, Raps und andere Gemüsesorten angebaut. Vor allem in der Marsch wird Schaf- oder Rinderzucht inklusive Milchwirtschaft betrieben.

Die Arbeitslosigkeit liegt mit gut 6 % deutlich über den Bundesdurchschnitt.

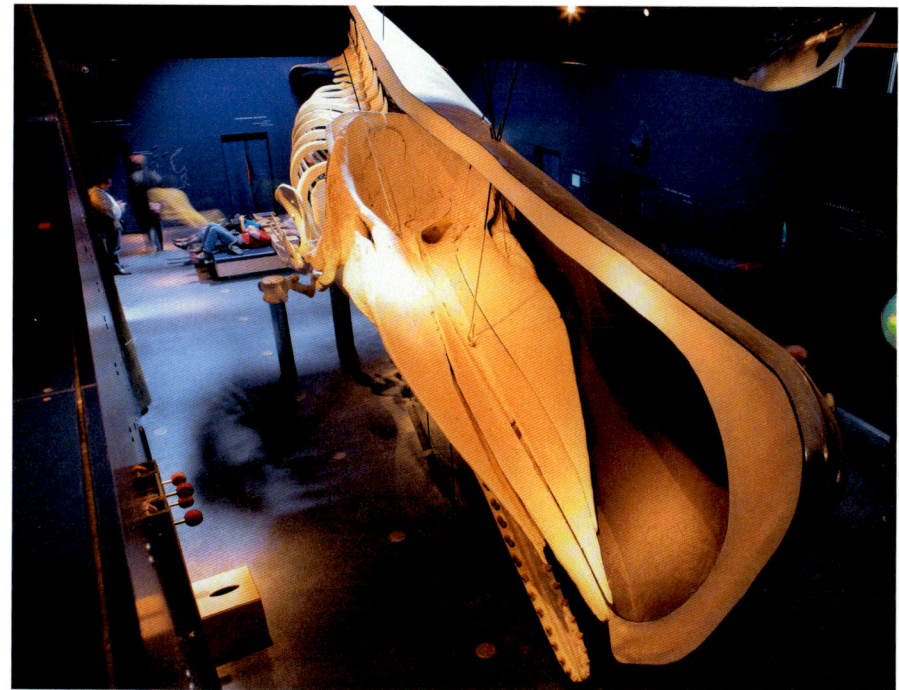

wird das Klootstockspringen zur Belustigung von Touristen ausgeübt.

Golf: Dutzend Golfplätze sind in der Region zu finden, allein vier davon auf Sylt. Informationen auf www.golfland.de.

Inline-Skating: Die Asphaltstrecken an den Deichen sind zumeist glatt und eignen sich zum Inlineskaten. Ein wahres Skating-Paradies ist Nordstrand (www.nordfriesland-skating.de), wo im Mai der Nordsee-Skating-Marathon veranstaltet wird.

Paddeln: Auf Treene, Eider und Sorge lassen sich ebenso herrliche Paddeltouren machen wie weiter nördlich auf der Lecker Au, dem Bongsieler Kanal und der Norderwaygaard.

Radfahren: Schleswig-Holstein ist ein Radwander-Paradies – wenn der Wind nicht gerade von vorne kommt. Bisweilen geht es direkt an der Küste entlang, so auf dem Nordseeküstenradweg (www.nordseekuestenradweg.de). Weitere gut ausgeschilderte Radwege sind entlang dem Nord-Ostsee-Kanal (www.nok-route.de) und an den Flüssen Eider, Treene und Sorge zu finden (www.eider-treene-sorge.de). Gute allgemeine Informationen gibt auf www.fahrradreisen.de.

Reiten: An der Nordseeküste werden Reiterträume wahr. Ob im vollen Galopp am Strand entlang, durch Felder, Wiesen und Wälder im Binnenland oder sogar auf einem Ausritt durchs Watt. Zahlreiche Reiterhöfe auf dem Festland, aber auch auf den Inseln und den Halligen bieten Ausritte an, zudem mit dem

und vor allem für seine Zander- und Aalbestände bekannt (Landessportfischerverband Schleswig-Holstein, Papenkamp 52, 24114 Kiel, Tel 0431 67 68 18, www.lsfv-sh.de).

Baden: Karibische Wassertemperaturen erreicht die Nordsee nie, zudem beschränken Ebbe und Flut die Badezeiten. Dennoch ist Badespaß garantiert. Und bei Schietwetter geht man in eines der vielen Meerwasser-„Spaßbäder". Am Sylter Weststrand kann man unabhängig von den Gezeiten baden. Hier wie auf Amrum und in St. Peter-Ording sind herrliche Sandstrände zu finden, in Dithmarschen und auf den Halligen überwiegen die sogenannten Grünstrände. Vor allem auf Sylt sollte man sich aufgrund des starken Sogs bei ablaufendem Wasser unbedingt an die Anweisungen der Strandwächter halten.

Beachvolleyball: An mehreren Stränden sind Beachvolleyball-Anlagen aufgebaut. Einige Urlaubsorte richten Turniere für Hobbyspieler aus.

Friesische Sportarten: Vor allem in Dithmarschen und Nordfriesland ist Boßeln weit verbreitet, ein Mannschaftssport. Die erste offizielle deutsche Meisterschaft wurde 1999 in Meldorf ausgetragen. Gespielt wird mit einer Pockholz- oder Kunststoffkugel, neun bis zwölf Zentimeter groß im Durchmesser, und zwar auf der Straße. Ziel der „Schmieter" (Werfer) ist es, die Kugel so weit wie möglich zu schleudern. Gewonnen hat das Team, das die Wettbewerbsstrecke mit den wenigsten Würfen absolviert hat. „Königsdisziplin" sind Kurvenwürfe, denn selbst in Nordfriesland verlaufen nicht alle Straßen schnurgerade. Großer Beliebtheit erfreut sich auch der Feldkampf. Dabei wird im Sprung über ein freies, möglichst zugefrorenes Feld geworfen.

Klootstockspringen hat einen praktischen Ursprung. Mangels befestigter Wege und

Brücken überwanden die Bauern die zahlreichen Gräben mithilfe einer Stange. Damit sie dabei nicht im morastigen Untergrund einsanken, hatte der Stock am unteren Ende eine Verdickung, den sogenannten Kloot. Heute

Zum Weiterlesen

Theodor Storms Novelle **Der Schimmelreiter** über den Deichgrafen Hauke Haien gilt als Klassiker schlechthin in der Literatur Nordfrieslands. 1888 erschienen, wirkt das Werk heute allerdings etwas altbacken geschrieben und ist schon insofern keine leichte Kost. Im Norden oftmals als ungeliebte Schullektüre verrufen, ist die Novelle dennoch empfehlenswert, beschreibt sie doch dramatisch den Kampf gegen die Naturgewalten und gegen Aberglauben und Rückständigkeit der Küstenbewohner.

Siegfried Lenz' Roman **Deutschstunde** handelt von dem jungen Siggi Jepsen und der Frage von Schuld, Verantwortung und Moral in Zeiten des Nationalsozialismus. Siggis Vater Jens Ole Jepsen hatte während des Dritten Reichs im fiktiven Dorf Rugbüll den Maler Max Ludwig Nansen bespitzelt, Siggi selbst besaß die Stärke und Courage, dem Maler zu helfen. Die Figur des Künstlers ist angelehnt an den Expressionisten Emil Nolde. Der historische Roman **Die Inseln der Witwen** von Dagmar Fohl spielt Mitte des 19. Jh. auf der fiktiven Insel Taldsum in der Nordsee, wo der geplante Bau eines Leuchtturms für Aufregung sorgt. Im Mittelpunkt steht die Liebesgeschichte zwischen der

Witwe Keike Tedsen und dem Leuchtturmbau-Ingenieur Andreas Hartmann. Spannend und einfühlsam gibt das Buch einen Einblick in das karge und harte Leben der Inselbewohner in früheren Zeiten.

Unter hohem Himmel. Inseln und Halligen ist eine Liebeserklärung des Amrumer Urgesteins Georg Quedens an seine Heimat. Neben phantastischen Fotos besticht das Buch des Heimat- und Naturforschers vor allem durch die kompetenten Textbeiträge über Land und Leute, über Flora und Fauna und die Naturgewalten an der Nordseeküste.

Spannende Urlaubslektüre für den Strandkorb sind drei – oder bei Bedarf mehr – Kriminalromane: **Treibsand** von Christian Uecker, der auf Amrum spielt; in **Hätschelkind: Der erste Fall für Jan Swensen** von Wimmer Wilkenloh kommt Kommissar Swensen dem Mörder erst nach der Lektüre des Schimmelreiters auf die Spur. Hannes Nygaard lässt die Husumer Kripo mit Hauptkommissar Christoph Johannes an der Spitze gleich in mittlerweile bereits 22 **Hinter-dem-Deich-Krimis** ermitteln; jüngster ist „Biikebrennen" um den Tod eines Jazzmusikers aus Südtondern.

„Bett-und-Box-Angebot" die Möglichkeit, das eigene Pferd mit- und unterzubringen.

Strandsegeln, Kitebuggyfahren, Wind- und Kitesurfen: Hochburg für Kitebuggy-fahren und Strandsegeln ist St. Peter-Ording. Hier können Anfänger die Sportarten erlernen oder bei einer Tandemfahrt reinschnuppern. Der Yachtclub St. Peter-Ording bietet Gästen die Mitfahrt im Doppelsitzer-Strandsegler an (Tel. 04863 82 60, www.ycspo.de). Das Dorado für Windsurfer ist Sylt und hier besonders Westerland. Ein weiteres beliebtes Windsurf-Revier ist der Speicherkoog zwischen Büsum und Meldorf.

Wandern, Joggen und Nordic Walking: Die Deiche, Strände und Dünen (so weit gestattet), aber auch die landwirtschaftlichen Wege im Binnenland eignen sich gut zum Wandern, Joggen oder Nordic Walking. In vielen Orten werden Gruppenaktivitäten angeboten, zudem sind Nordic Walking Parks eingerichtet worden (Informationen bei den Tourismus-Ämtern). Ambitionierte Läufer können im März am Sylt-lauf von Hörnum nach List (33,33 km) teilneh-men. Im Mai wird der Helgoland-Marathon ausgetragen.

Wattwandern: Zahlreiche staatlich geprüfte Wattwanderführer bieten im Nationalpark Schleswig-Holsteinisches Wattenmeer Touren an. Möglichkeiten, geführt durch den Schlick zu stapfen, sind auf den Infoseiten vermerkt.

Allein weit hinaus ins Watt zu gehen ist nicht ungefährlich – fast jedes Jahr sterben uner-fahrene Wattwanderer, sie wurden von der oftmals unerwartet schnell auftretenden Flut überrascht. Informationen u. a. bei der Watt-führergemeinschaft Dithmarscher Nordsee-küste (www.watterleben.de) oder auf www.wattwanderung.eu, www.wattenmeerunmehr.de und www.naturzentrum-nf.de).

Unterkunft

Hotels und Ferienwohnungen: Urlauber finden an der Nordseeküste eine breite Palette von Unterkünften vor – von der einfachen Pension bis zur Luxusherberge. Auch Ferien-wohnungen gibt es wie Sand am Meer. An der Küste sind sie in der Regel teurer als im Landes-inneren, zudem variieren die Preise stark zwischen Hauptsaison (Mitte Juni–Ende Aug.)

Preiskategorien

€ € € €	Doppelzimmer	über 200 €
€ € €	Doppelzimmer	150 – 200 €
€ €	Doppelzimmer	100 – 150 €
€	Doppelzimmer	unter 100 €

und Nebensaison. Wer im Sommer reisen will, sollte rechtzeitig buchen. Viele Ferienwoh-nungen kommen nach wie vor recht „piefig" daher, andere wiederum sind echte Perlen und beispielsweise in top-renovierten Friesen-häusern untergebracht.

Eine kleine Hotelauswahl ist auf den Infoseiten zu den jeweiligen Regionen zu finden.

Camping: Eine Liste der Campingplätze an der schleswig-holsteinischen Nordseeküste findet man im Internet auf www.camping.info, bei www.vcsh.de oder auch im Campingführer des ADAC (www.campingfuehrer.adac.de).

Ferien auf dem Bauernhof: Wem es nichts ausmacht, in aller Herrgottsfrühe geweckt zu werden, für den ist Urlaub auf dem Bauernhof das Richtige. Viele Betriebe bieten inzwischen mindestens den gleichen Komfort wie Pensio-nen oder Hotels. Kinder sind sowieso glücklich zwischen all dem Viehzeug, und die Verpfle-gung ist authentisch und bisweilen biologisch vom Feinsten (Tel. 04331 945 35 82 und www.landsichten.de).

Jugendherbergen: Jugendherbergen gibt es in Albersdorf, Büsum, Friedrichstadt, Glückstadt, Heide, Helgoland, Hörnum/Sylt, Husum, Niebüll, Tönning, Westerland/Sylt, Wittdün/Amrum und Wyk auf Föhr (Informa-tionen über: Deutsches Jugendherbergswerk, Bismarckstraße 8, 32756 Detmold, Tel 05231 74 01 0, www.jugendherberge.de).

An den Weststränden Sylts ist ganz unabhängig von Flut und Ebbe immer Badezeit –
wobei bei Ebbe wegen der Strömungen besondere Vorsicht angesagt ist

Register

Impressum

3. Auflage 2016
© DuMont Reiseverlag, Ostfildern

Verlag: DuMont Reiseverlag, Postfach 3151, 73751 Ostfildern, Tel. 0711 45 02-0,
Fax 0711 45 02-1 35, www.dumontreise.de
Geschäftsführer: Dr. Thomas Brinkmann, Dr. Stephanie Mair-Huydts
Programmleitung: Birgit Borowski
Redaktion: Horst Keppler
Text: Sven Bremer, Bremen
Exklusiv-Fotografie: Ralf Freyer, Freiburg
Titelbild: laif/Christian Kerber (Basstölpel)
Zusätzliches Bildmaterial: Adler-Schiffe GmbH (S. 111 or., 111 u.r.),
Schankwirtschaft Wilhelm Andresen (S. 21 u.r.), DuMont Bildarchiv/Toma Babovic
(S. S. 110 l.), DuMont Bildarchiv/Sabine Lubenow (S. 26 u.l., 28 o.r., 30 o., 30 u.l.,
32 o., 35 u.r., 39 o.r., 39 u.r., 40 l., 59 o.r., 59 u., 72, 91 u.l., 91 u.r., 110 r.),
DuMont Bildarchiv/Karl-Heinz Raach (S. 50 M., 88), DuMont Bildarchiv/Hartmut
Schwarzbach (S. 35 o.r., 73 l.), laif/Le Figaro Magazine (S. 21 o.l.), laif/Monica
Gumm (S. 12/13, 14/15), look-foto/Sabine Lubenow (s. 58 l.), look-foto/Heinz
Wohner (S. 69 Special), Mauritius Images/age (S. 56), Mauritius Images/
imagebroker/Wolfgang Diederich (S. 54), Mauritius/imageBROKER / Michael
Dietrich (S. 21 o.r.), Mauritius Images/imagebroker/Sabine Lubenow (S. 20 l., 57),
Mauritius Images/Carl-Werner Schmidt-Luchs (S. 55), Rømø-Sylt Linie/Foto Raake
(S. 111 o.l.), Shutterstock (Grafik S. 20, 110), Vectorstock (Grafik S. 58)
Grafische Konzeption, Art Direktion, Layout: fpm factor product münchen
Cover Gestaltung: Neue Gestaltung, Berlin
Kartografie: © MAIRDUMONT GmbH & Co. KG, Ostfildern
Kartografie Lawall (Karten für „Unsere Favoriten")
DuMont Bildarchiv: Marco-Polo-Straße 1, 73760 Ostfildern,
Tel. 0711 45 02-266, Fax 0711 45 02-1006, bildarchiv@mairdumont.com

Für die Richtigkeit der in diesem DuMont Bildatlas angegebenen Daten –
Adressen, Öffnungszeiten, Telefonnummern usw. – kann der Verlag keine
Garantie übernehmen. Nachdruck, auch auszugsweise, nur mit vorheriger
Genehmigung des Verlages. Erscheinungsweise: monatlich.

Anzeigenvermarktung: MAIRDUMONT MEDIA, Tel. 0711 450 20,
Fax 0711 4502-10 12, media@mairdumont.com, http://media.mairdumont.com
Vertrieb Zeitschriftenhandel: PARTNER Medienservices GmbH, Postfach
810420, 70521 Stuttgart, Tel. 0711 72 52-212, Fax 0711 72 52-320
Vertrieb Abonnement: Leserservice DuMont Bildatlas,
Zenit Pressevertrieb GmbH, Postfach 810640, 70523 Stuttgart,
Tel. 0711 72 52 265, Fax 0711 72 52 333, dumontreise@
zenit-presse.de
Vertrieb Buchhandel und Einzelhefte: MAIRDUMONT
GmbH & Co. KG, Marco-Polo-Straße 1, 73760 Ostfildern,
Tel. 0711 45 02-0, Fax 0711 45 02-340
Reproduktionen: PPP Pre Print Partner GmbH & Co. KG, Köln
Druck und buchbinderische Verarbeitung:
NEEF + STUMME premium printing GmbH & Co. KG, Wittingen,
Printed in Germany

Lieferbare Ausgaben

Die Kanaren sind vom Klima begünstigt – beste Voraussetzung für herrliche Strandtage.

Hamburgs Herz pocht an Elbe und Alster.

Hamburg

Deutschlands Tor zur Welt
Der Hafen ist das Aushängeschild der Hansestadt, aber Hamburg hat natürlich noch weit mehr zu bieten, wir präsentieren alle Highlights.

Urbane Visionen
Aus alten Hafenvierteln werden trendige Stadtteile. Erleben Sie das „neue" Hamburg.

Shopping hanseatisch
Hamburger Trend-Labels und Traditionshäuser, hier kaufen Sie zwar nicht günstig, aber gut!

Teneriffa
La Palma · La Gomera · El Hierro

Paradiesische Inseln
Sie wissen noch nicht wohin? Wir stellen Ihnen die Westkanaren ausführlich in Bild und Wort vor.

Exklusiv wohnen
Warum sich nicht mal etwas Besonderes gönnen, die besten Adressen auf Teneriffa und den kleinen Kanareninseln.

Wandern mit Aussicht
Unsere Favoriten – die neun erlebnisreichsten Wanderungen auf den Kanaren.

www.dumontreise.de